现代人力资源开发规划与管理优化策略

赵尊香 史姣 胡文平 ◎著

中国出版集团

中译出版社

图书在版编目（CIP）数据

现代人力资源开发规划与管理优化策略 / 赵尊香，
史姣，胡文平著. -- 北京：中译出版社，2024. 2
ISBN 978-7-5001-7759-3

Ⅰ. ①现… Ⅱ. ①赵… ②史… ③胡… Ⅲ. ①人力资
源开发②人力资源管理 Ⅳ. ①F241②F243

中国国家版本馆CIP数据核字（2024）第047665号

现代人力资源开发规划与管理优化策略

XIANDAI RENLI ZIYUAN KAIFA GUIHUA YU GUANLI YOUHUA CELÜE

著　　者：赵尊香　史　姣　胡文平
策划编辑：于　宇
责任编辑：于　宇
文字编辑：田玉肖
营销编辑：马　萱　钟筱童
出版发行：中译出版社
地　　址：北京市西城区新街口外大街 28 号 102 号楼 4 层
电　　话：（010）68002494（编辑部）
邮　　编：100088
电子邮箱：book@ctph.com.cn
网　　址：http://www.ctph.com.cn

印　　刷：北京四海锦诚印刷技术有限公司
经　　销：新华书店
规　　格：787 mm×1092 mm　1/16
印　　张：11.75
字　　数：233 千字
版　　次：2024 年 2 月第 1 版
印　　次：2024 年 2 月第 1 次印刷

ISBN 978-7-5001-7759-3　　　定价：68.00 元

前　言

　　21 世纪的今天，随着知识经济和信息技术的迅猛发展，人力资源管理在适应"新时期、新常态"管理工作中将发挥越来越重要的作用。只要是具备一般知识或管理常识的管理者都很清楚地认识到人力资源管理的重要性和必要性。党政部门、企事业单位及各种社会团体的领导者或管理者对现代人力资源开发规划与管理优化知识的学习与掌握已迫在眉睫。

　　人力资源管理理念、管理目标、管理方法、管理角色、管理职能、管理手段和工具都发生了日新月异的变化。如何利用、开发和管理好这特定的资源，怎样运用人力资源管理的基本理论、原理和方法去思考和分析工作中存在的问题，解决人力资源管理中存在的不解、疑惑或疑难，从中得到比较明确的解答或启迪，怎样才能真正发掘人、招揽人、用好人、管好人、开发人，不造成人力资源的浪费，使各类人才发挥其应有的作用或最大的潜能，充分调动人的劳动积极性和创造性，这些都将成为所有管理者永恒的研究课题。

　　本书内容侧重现代人力资源开发规划与管理优化策略，旨在为相关工作者提供有益的参考和启示，适合对此感兴趣的读者阅读。本书详细介绍了现代人力资源管理理论，让读者对现代人力资源管理有初步的认知；深入分析了人力资源规划、招聘管理与员工培训开发、薪酬管理与绩效管理优化等内容，让读者对人力资源规划与管理优化有更深入的了解；着重强调了人力资源管理职能的战略转型与优化。本书力求理论丰富、紧跟时代，指导实践，希望通过本书能够对现代企业人力资源管理工作的开展提供准确有效的指导。

　　在本书写作过程中，参考和借鉴了一些知名学者和专家的观点及论著，在此向他们表示深深的感谢。由于水平和时间所限，书中难免会出现不足之处，希望各位读者能够提出宝贵意见，以待进一步修订，使之更加完善。

目　录

第一章　现代人力资源管理理论

 ## 第一节　人力资源与人力资源管理初探

一、人力资源初探

现代企业人力资源管理的对象是企业所拥有的人力资源。因此，要研究人力资源管理，必须首先对人力资源的概念进行明确界定。

（一）人力资源的界定

广义地说，具备一定劳动能力的人都是人力资源。

狭义地说，人力资源的定义有许多种。一是人力资源是指能够推动整个经济和社会发展的具有智力劳动能力和体力劳动能力的人口的总和，它应包括数量和质量两个指标。二是人力资源是指一个国家或地区有劳动能力的人口的总和。三是人力资源是指具有智力劳动能力和体力劳动能力的人口的总和。四是人力资源是指包含在人体内的一种生产能力。若这种能力未发挥出来，它就是潜在的劳动生产力；若开发出来，就变成了现实的劳动生产力。五是人力资源是指能够推动整个经济和社会发展的劳动者的能力，即在劳动年龄的已直接投入建设或尚未投入建设的人的能力。六是人力资源是指所有为社会创造物质文化财富、为社会提供劳务和服务的人。

（二）人力资源的主要特性

1. 生物性、再生性与时效性

人力资源蕴藏于人体中，是人体各部分器官功能的总和，是一种"活"的资源，这是它的生物性，人力资源可生生不息，只要人种不绝，人力资源便不会消亡，这是它的再生

性；劳动人口 16~60 岁这 44 年左右的时间，是人力资源可被利用的主要时段，如果在这个时段人力资源不投入或不被利用，就将丧失其资源的作用，所以它具有时效性。

2. 能动性

人力资源效能发挥的目的、程度和意识等，具有很明显的主观能动性。人力资源的载体——人，能有意识、有目的地进行活动。他可以积极热情、兢兢业业，也可以消极冷淡、疲疲沓沓；他可以全心全意地投入，也可以三心二意；他可以见义勇为、视死如归，也可以见利忘义、为非作歹。

3. 连续性

人力资源能新老交替，这是它的连续性的一个表现。其连续性的第二个表现是人力资源可以多次开发使用，即使用—开发—再使用—再开发。其连续性的第三个表现是人力资源的使用成效，为人力资源的开发工程创造条件；人力资源的开发成效，又为人力资源的使用开辟更深、更广的天地。

4. 时代性和社会性

人力资源的数量和质量都受时代条件的制约，具体来讲，受人类生育条件、生存条件、社会经济条件和特定的生产方式的制约。中华人民共和国成立前和今天的人力资源状况大为不同，原因就在于时代性和社会性发生了巨大的变化。人力资源的特点，决定人力资源管理的理论、政策、方法和手段。新的人力资源管理的理论、方法、手段，正在取代旧的人事管理。

二、人力资源管理初探

(一) 人力资源管理认知

人力资源管理（Human Resource Management）理论最早是由美国学者在 20 世纪 80 年代初提出的，随后迅速传入欧洲和世界其他地区。

人力资源管理是指组织为了实现既定的目标，运用现代管理措施和手段，对人力资源的取得、开发、保持和运用等方面进行管理的一系列活动的总和。

人力资源管理的基本任务是吸引、保留、激励与开发组织所需的人力资源，促成组织目标的实现。其职能通常包括人力资源规划、工作分析、招聘与选拔、职业生涯规划、培训与发展、绩效管理、薪酬福利管理、劳动关系等内容，人力资源管理的理论和实践基本上是围绕这些职能来展开。

(二) 人力资源管理发展阶段及其特点

企业对人的管理大致经历了三个发展阶段：人事管理、人力资源管理和战略性人力资源管理。各阶段在转变过程中具有以下三个主要特点。

1. 转变管理角色

随着企业人力资源管理目标、部门性质和地位的转变，从事人力资源管理的人员的角色也随之发生了重大的变化。近几年，国际一些人力资源管理专家，从管理程序、管理对象、管理期限（短期与长期）和管理性质（战术性与战略性）等四个维度，剖析了战略性人力资源管理在企业经营管理中的角色转变和新的定位。

第一，从作业程序与短期的战术性操作的维度上看，人力资源经理是构建人力资源各项管理基础工作、组织绩效评估、进行薪酬制度设计、实施员工管理的行政管理专家。

第二，从短期的战术性操作与管理的对象——员工的维度上看，人力资源经理是了解并尽可能满足员工的需求，使员工为企业做出贡献的领跑者、带头人，即领导者。

第三，从员工与企业长期发展战略的维度上看，人力资源经理是企业员工培训与技能开发的推动者、组织发展和组织变革的设计师、企业改革的代理人。

第四，从长期发展战略与管理作业运作的维度上看，人力资源经理是企业经营战略合作伙伴，他不但要把人力资源管理与企业发展战略有机地结合起来，制订出适应企业内外环境和条件的战略规划，而且能够运用各种工具和手段，对规划进行有效的实施、监督、控制和反馈，最终保障战略规划目标的实现。

2. 转变管理职能

人力资源部门性质和人事经理角色的转变，实质上是人力资源管理职能的转变。现代人力资源管理之所以得以不断演进，其根本原因在于人力资源管理具有经营性和战略性的双重职能。经营性职能是基础和起点，人力资源管理要支撑企业日常的生产经营活动正常运行，实施企业短期的年度计划，保障基本经营目标的实现；战略性职能是从企业的总体出发，立足全局、关注长远，力求管理理念、组织制度和方法的创新，不断提升人力资源竞争的优势。随着企业外部经营环境的变化，人力资源管理战略职能的重要性正在日益增强。

3. 转变管理模式

战略性人力资源管理实现了从交易性的实务管理到方向性的战略管理的转变，交易性实务管理只强调"用正确的方式、方法做好事情"，而方向性战略管理强调"运用正确的方式、方法，做正确的事情"。因此，战略性人力资源管理在管理思想和管理模式上发生了角度上的飞跃，它更加突出三个方面。

（1）管理的开放性和适应性。即人力资源管理要全方位地面对市场，不仅要考虑企业内部的条件，还要重视和适应企业所处的环境。

（2）管理的系统性和动态性。人力资源管理是企业总体系统的重要支持分系统，企业的人力资源处在一个不断发展与变化的系统中，人力资源管理需要随机应变，不断地变化管理方式、方法。

（3）管理的针对性和灵活性。人力资源管理对象的特殊性，以及人力资源管理目标和要求的多样性，决定了人力资源管理的针对性和灵活性。为了满足更高更新管理目标的实现，要求战略性人力资源管理采用和选择系统的权变的管理模式，因人、因事、因时、因地，随机制宜才能达到理想的境界。

总之，战略性人力资源管理与传统人力资源管理相比，最大的区别就在于：在战略性人力资源管理中，人力资源管理部门能够直接参与组织的战略决策，在明确的组织战略前提下，与其他部门协调合作，共同实现组织的战略目标。但是战略性人力资源管理和传统人力资源管理又不是完全分开的，战略性人力资源管理是在传统人力资源管理的基础上，随着企业发展和市场变化的需要逐渐提升和发展起来的，并包含传统人力资源管理的部分，二者密不可分。

第二节　现代人力资源管理的内容与职能

一、现代人力资源管理工作的内容

（1）制订人力资源计划。根据组织的发展战略和经营计划，评估组织的人力资源现状及发展趋势，收集和分析人力资源供给与需求方面的信息和资料，预测人力资源供给和需求的发展趋势，制定人力资源招聘、调配、培训、开发及发展计划等政策和措施。

（2）人力资源费用核算工作。人力资源管理部门应与财务等部门合作，建立人力资源会计体系，开展人力资源投入成本与产出效益的核算工作。人力资源会计工作不仅可以改进人力资源管理工作本身，而且可以为决策部门提供准确和量化的依据。

（3）人力资源的招聘与配置。根据组织内的岗位需要及工作岗位职责说明书，用各种方法和手段，如受推荐、刊登广告、举办人才交流会、到职业介绍所登记等，从组织内部或外部吸引人员；经过资格审查，如受教育程度、工作经历、年龄、健康状况等方面的审查，从应聘人员中初选出一定数量的候选人；再经过严格的考试，如通过笔试、面试、评价中心、情景模拟等方法进行筛选，确定最后录用人选。人力资源的选拔，应遵循平等就业、双向选择、择优录用等原则。

（4）工作分析和设计。对组织中的各个工作岗位进行分析，确定每一个工作岗位对员工的具体要求，包括技术及种类、范围和熟练程度，学习、工作与生活经验，身体健康状况，工作的责任、权利与义务等方面的情况。这种具体要求必须形成书面材料，这就是工作岗位职责说明书。这种说明书不仅是招聘工作的依据，也是对员工的工作表现进行评价的标准，以及进行员工培训、调配、晋升等工作的依据。

（5）聘用管理与劳资关系。员工一旦被组织聘用，就与组织形成了一种雇用与被雇用的、相互依存的劳资关系。为了保护双方的合法权益，有必要就员工的工资、福利、工作条件和环境等事宜达成一定协议，签订劳动合同。

（6）入职教育、培训和发展。任何应聘进入一个企业的新员工，都必须接受入职教育，这是帮助新员工了解和适应企业、接受企业文化的有效手段。入职教育的主要内容包括企业的历史、发展状况和未来发展规划、职业道德和组织纪律、劳动安全和卫生、社会保障和质量管理知识与要求、岗位职责、员工权益及工资福利状况等；为了提高广大员工的工作能力和技能，有必要开展富有针对性的岗位技能培训；对于管理人员，尤其是对即将晋升者有必要开展提高性的培训和教育，目的是促进他们尽快具有在更高一级职位上工作的全面知识、熟练技能、管理技巧和应变能力。

（7）绩效考评。工作绩效考评，是对员工的胜任能力、工作表现及工作成果等进行理性评价，并给予量化处理的过程。这种评价可以是自评，也可以是他评，或者是综合评价。考核结果是员工晋升、接受奖惩、发放工资、接受培训等人力资源管理的有效依据，它有利于调动员工的积极性和创造性及检查和改进人力资源管理工作。

（8）帮助员工的职业生涯发展。人力资源管理部门和管理人员有责任鼓励和关心员工的个人发展，帮助其制订个人发展计划，并及时进行监督和考察。这样做有利于促进企业的发展，使员工有归属感，进而激发其工作积极性和创造性，提高企业效益。人力资源管理部门在帮助员工制订其个人发展计划时，有必要考虑它与企业发展计划的协调性或一致性。只有这样，人力资源管理部门才能对员工实施有效的帮助和指导，促进个人发展计划的顺利实施并取得成效。

（9）员工工资报酬与福利。保障合理、科学的工资报酬与福利体系关系到企业中员工队伍的稳定。人力资源管理部门要从员工的资历、职级、岗位、表现和工作成绩等方面，为员工制定相应的、具有吸引力的工资报酬与福利标准和制度。工资报酬应随着员工的工作职务升降、工作岗位的变换、工作表现的好坏与工作成绩进行相应的调整，不能只升不降。员工福利是社会和组织保障的一部分，是工资报酬的补充或延续。它主要包括政府规定的退休金或养老保险、医疗保险、失业保险、工伤保险、节假日及为了保障员工的工作安全和卫生，提供必要的安全培训教育、良好的劳动工作条件等。

（10）建立员工档案。人力资源管理部门有责任保管员工入职时的简历及入职后关于工作主动性、工作表现、工作成绩、工资报酬、职务升降、奖惩、接受培训和教育等方面的书面记录材料。

二、现代人力资源管理的职能分析

（一）人力资源管理的角色

1. 现代人力资源管理部门的七种角色

（1）发展战略的策划者

人力资源管理人员参与企业发展战略的制定，并配合企业发展战略制订人力资源发展规划，以促进企业发展战略的实现。

（2）业务部门的战略伙伴

人力资源管理人员直接了解业务部门的具体业务、发展方向，为业务部门提供管理咨询和人事技术支持，为业务部门提供主动式服务，如主动提供建议和解决方案；通过交流沟通和开设课程，培训并指导业务部门的直线经理，使之能够在日常工作中贯彻人力资源管理观念、娴熟地应用各种管理方法和技巧。

（3）组织管理的技术参谋

人力资源管理部门要加强自身的能力培养，提升人力资源管理水平，成为企业人力资源管理的技术幕僚，帮助企业在薪资设计、招聘渠道、培训方法、绩效管理、员工职业生涯规划等领域进行系统分析和科学诊断，并提供专业化的解决方案。

（4）员工的代言人

人力资源管理部门要通过关注员工的需求，倾听员工的呼声，提高员工的整体满意度；协调并整合员工个人利益与企业利益，帮助员工个人发展，在员工与直线经理之间扮演中间人的角色，人力资源管理部门要成为企业的润滑剂，推动企业内部横向、纵向的沟通；通过沟通创造凝聚力和团队精神，推进企业文化和核心价值观的形成。

（5）变革的推进者

转型组织最关键和困难的是如何处理企业内部的人事事务。企业不仅要妥善安排老员工，更重要的是要为每一个岗位找到合适的人选。要从企业的发展战略出发，调动员工的积极性，积极支持企业变革。人力资源管理者通过为企业直线经理提供关于管理技巧、系统分析技术、组织变革、人员变革的咨询，协助直线经理消除员工面对变化和不确定因素的恐慌，帮助员工调整心态，重新定位，从而顺利平稳地推进企业的变革。

（6）行政事务专家

档案建立得是否完整，员工信息收集是否到位，招聘流程是否控制得当，培训、薪资、福利、考核和岗位调整是否合理，基本资料的建构、数据分析、资料信息传输是否准确及时等，都能够反映人力资源管理部门管理技术和管理水平的高低。人力资源管理人员要成为人事行政专家，为企业提供行政事务支持。

（7）内部公关专家

人力资源管理部门是企业和员工之间的桥梁，既要站在企业的角度进行管理，又要站在员工的角度思考问题，使企业与员工之间相互沟通，妥善处理员工之间、部门之间、企业与员工之间的各种关系，协调在薪资、福利、考核、招聘、培训、工作环境等过程中出现的种种内部矛盾和冲突，使企业与员工和谐共处。

2. 现代人力资源管理者的角色

（1）企业人力资源从业人员

现代企业人力资源从业人员应具备四方面的才能：第一，功能性才能。它是指对员工能力的评估、企业人力资源效率的评估、绩效系统和薪酬系统的设计等方面的才能。第二，企业管理的才能。包括企业内政治和权力的协调、企业及财务的整体评估、企业组织和工作设计、发展战略和策略联盟等方面的能力。第三，组织才能。包括提升全员效率的策略、构建企业文化、兼容多元化的价值观等方面。第四，个人的才能。包括个人的影响力、感召力、专业知识技能和技巧、领导风格等。

（2）企业人力资源经理

人力资源管理部门的核心人员——人力资源经理的胜任特征有六个方面。

第一，要有战略思维。这一点非常重要，因为人力资源管理工作是企业的核心工作之一，支撑着企业的发展，所以人力资源经理必须充分了解企业的经营情况和企业领导的思想，紧紧把握住人力资源管理的核心地位，通过人力资源管理工作推动其他各项工作的进展，起到企业发动机的作用。一个合格的人力资源经理要了解企业各部门的技术特征，能把各部门的职能有机地组合起来，从而形成企业文化。

第二，人力资源经理要在管理层面为企业战略提供管理方法，薪酬设计、组织建设、绩效考评及核心人员的管理和流程都要围绕企业战略发展需要进行，与企业战略紧密地统一在一起。

第三，要达到上述要求，人力资源经理必须懂管理，熟悉人力资源管理工作的相关技术和经验，还要了解企业市场发展的相关技术，以便企业业务的展开，这样才能明白企业领导的需要，才能在和各部门沟通时有共同语言。

第四，人力资源经理要有很强的沟通能力，要善于同企业领导、职业经理和员工沟通，要有相应的技巧和方法，以及较强的主动性。

第五，人力资源经理要有较强的信息把握和处理能力，要有较强的敏感性。例如要随时把握企业员工队伍，特别是核心人力资源的动态。因为对核心人员来说，市场诱惑力很大，核心人员一旦松动，会对企业造成很大的影响。所以，人力资源经理要时刻有危机意识，并具备危机处理能力。

第六，和其他经理人一样，人力资源经理要有很强的责任心，要对企业忠诚，应该自觉地使自己的目标和企业的目标保持一致。要当好企业文化和管理制度的执行者，促进各部门的工作，扮演好凝聚企业向心力的重要角色。

（二）人力资源管理的常见职能模式

1. 以产品为导向

产品导向的职能模式是传统人力资源职能模式的主要代表，这一模式的本质特征在于其组织模式是以工作内容为基础，专注于职能管理的内容。其主要职能有以下三个方面。

（1）组织、计划与获取职能

人力资源的组织、计划与获取职能是指人力资源管理在企业的组织结构设计与调整、人力资源规划、人员招聘与选聘等方面所发挥的功能。

组织职能：①根据企业战略进行组织设计；②根据企业内外环境的变化及企业发展的要求进行组织、工作再设计；③根据工作分析的结果调整组织结构等。

人力资源规划。它是人力资源管理计划职能的体现，是企业为了达到组织的目标，按照有关人事政策、程序、惯例所进行的，确保有适当数量、质量和结构的人力资源在适当的时候担任适当职务的计划活动。

人员招募与选聘。人员招募是企业寻找员工的可能来源并吸引他们到企业应聘的过程；人员选聘是企业根据用人条件和标准，运用适当的方法手段对应聘者进行审查、选择的过程。

（2）激励与开发职能

人力资源的激励职能主要体现在绩效考核、薪资管理等环节上；人力资源的开发职能主要体现在员工引导、员工培训、员工开发、员工职业生涯设计与管理等环节上。

①绩效管理。通过绩效考核，明确员工的工作绩效状况，然后有针对性地对员工进行激励与开发。

②薪资管理。从人力资源管理的角度来看，工资与奖金主要体现和发挥激励职能。

③员工引导、培训与开发。员工引导是企业引导新员工熟悉环境，消除他们的焦虑感，促使他们尽快社会化及"企业化"的过程；员工的培训和开发主要着眼于企业人力资源的保值与增值。

④员工职业生涯设计与管理。职业生涯设计是员工对自己在未来一段时间甚至一生的工作情况所做的规划和设计。企业从组织发展和人力资源开发的角度出发，应主动帮助并积极引导员工进行职业生涯设计。

（3）维持与维护职能

人力资源的维持与维护职能主要体现在四个方面：①福利管理。企业福利包括员工的生活福利和文化福利，做好福利工作有利于稳定员工队伍和提高他们的工作绩效。②职业安全与卫生。职业安全与卫生包括安全管理、职业病防治、工伤管理、女职工保护等。③辞退与辞职管理。人力资源管理包括"进""管""出"等环节，辞职与辞退管理属于"出口"管理。企业为了保证人力资源的整体数量和质量，一方面要尽量避免优秀员工辞职，另一方面又要保证能辞退不合格员工。④人事纪律。纪律是一种带有强制约束力的行为规范，它是维护组织正常运转的重要保障。为了保证企业人力资源管理的效率与效果，制定一些纪律并配合一定的奖惩措施是非常必要的。

以产品为导向的人力资源职能模式存在明显的功能缺陷：只关注完成现有流程，不关注企业和客户需求的变化；只计算做了哪些工作，不在意这些工作为企业和员工创造了多少价值。这种工作方式的价值导向是只计"产品"不计"回报"，它使人力资源管理远离组织战略和服务对象，难以证明人力资源管理者在企业价值增值中的贡献，甚至无法回避人力资源管理者被精简、被外包的风险。

2. 以客户为导向

客户导向的人力资源职能模式首先要清楚客户是谁，他们的实际需求是什么。在该模式中，客户是价值链的起点和最终环节，是人力资源业务流程的核心，客户需求表示对人力资源服务的期待，满足特定客户需求的过程就是人力资源职能发挥和职能体现的过程。

理论上讲，人力资源职能的客户可以分为内部客户与外部客户：内部客户是指存在于组织内部并对人力资源具有需求的个人或组织，包括企业高管、各职能部门、员工和组织内工会等；外部客户是指存在于组织之外的组织，包括企业客户、供应商、政府机构和公益性组织等。根据上述分类，对人力资源管理的需求大致归类见表1-1。

表1-1　人力资源管理的客户类型及客户需求

客户类型	客户需求
员工	良好的人事行政服务、雇员开发、公平的薪酬体系、良好的领导关系、雇用合同的弹性、具有挑战性的工作环境、开放性的沟通氛围、工作—家庭平衡等
直线管理者	人力资源专业知识的转移、行政支持、招聘与培训的顺利展开、员工具有良好的沟通意愿、员工具有企业愿景等
高层管理者	人力资源管理效率、人力资源管理效能、生产率、员工承诺与激励情况、公司战略与人力资源管理系统的匹配等
工会	雇员的安全性与稳定性，雇员的安全健康，公正、公平、公开、合理的雇员待遇，良好的劳资关系与谈判氛围等
政府与其他机构	对劳动关系法律法规的遵守、社会责任的履行、就业问题、社会公正问题、社会正义问题等的协调与解决

人力资源管理部门根据所要满足的顾客需要本身的不同，分别确定需要运用哪些技术来满足顾客的需要。甄选系统需要确保所有被挑选出来的求职者都具有为组织带来价值增值所必需的知识、技术和能力；培训和开发系统需要通过向员工提供发展的机会来确保他们不断地增加自身的人力资本，从而为企业提供更高的价值，最终满足直线管理人员和员工双方的需要；绩效管理系统需要向员工表明企业对他们的期望是什么，并且向直线管理人员和战略制定者保证：员工的行为将会与组织的目标相一致；薪酬管理系统需要为所有的客户（直线管理人员、战略规划者及员工）都带来一定的收益。同时，薪酬管理系统也为员工的技能投资和他们所付出的努力提供了等价的回报。这些管理系统将向直线管理人员保证，员工们将会运用他们的知识和技能来服务于组织的利益；这些管理系统还向战略规划者提供相应的措施，以确保所有员工都对企业的战略规划采取支持性的行为。

以顾客服务为导向的人力资源管理思想为人力资源管理职能提供了一个很重要的思考方法，它帮助人力资源管理部门确认谁是自己的顾客，这些顾客有什么样的需要希望得到满足及应当如何来满足这种需要，从而有助于公司的人力资源管理部门尽快成为企业的战略伙伴。

第三节　现代人力资源管理的相关理论依据

一、人性假设理论

人力资源管理是对人所进行的管理。因此，对人的看法不一样，制定的管理政策与采用的管理措施就会有所不同。对人的基本看法将直接决定人力资源管理具体的管理方式与管理方法。人力资源管理的最终目的是实现企业的整体战略和目标，这一目的的达成是以每个员工个人绩效的实现为基本前提的。一般来说，员工的个人绩效又是由工作能力和工作态度两大因素决定的。一个人的工作能力是相对稳定的，在短时期内改变的难度较大，工作态度却是可以改变的。正因为如此，如何激发员工的工作热情、调动他们的工作积极性和主动性就成为人力资源管理需要解决的关键问题。从这一角度理解，激励理论就构成了人力资源管理的另一个重要的理论基础。

关于人性假设理论，很多学者都进行过深入的研究，其中最有代表性的就是美国行为科学家道格拉斯·麦格雷戈（Douglas M·Me Gregor）提出的 X 理论-Y 理论[1]及美国行为科学家埃德加·沙因（Edgar H. Schein）提出的四种人性假设理论[2]。

（一）X 理论和 Y 理论[3]

麦格雷戈认为，有关人的本性和人的行为的假设在某种程度上决定管理人员的工作方式。不同的管理人员之所以会采用不同的方式来组织、控制和激励人们，原因就在于其对人的本性的假设是不同的。

1. X 理论

麦格雷戈将传统的人们对人性的假设称为 X 理论，并将这一观点的内容归纳为七个方面。

第一，大多数人生性都是懒惰的，尽可能地逃避工作。

第二，大多数人都缺乏进取心、责任心，不愿对人和事负责，没有什么雄心壮志，不

①　钱明阳. 美国著名行为科学家：道格拉斯·麦格雷戈 [J]. 现代班组, 2010, (03)：25.

②　吕春燕. 人性假设与人力资源管理 [J]. 企业导报, 2009, (08)：168-169. DOI：10. 19354/j. cnki. 42-1616/f. 2009. 08. 102.

③　艳琳. 管理中的 X 理论和 Y 理论 [J]. 科学大观园, 2014, (06)：75-76.

喜欢负什么责任，宁可让别人领导。

第三，大多数人都是以个人为中心的，这会导致个人目标与组织目标相互矛盾，为了达到组织目标必须靠外力严加管制。

第四，大多数人都是缺乏理智的，不能克制自己，很容易受别人影响。

第五，大多数人具有欺软怕硬、畏惧强者的弱点，习惯于保守，反对变革、安于现状。为此，必须进行惩罚，以迫使其服从指挥。

第六，大多数人干工作都是为了满足物质与安全的需要，人工作是为了钱，是为了满足基本的生理需要和安全需要，将选择那些在经济上获利最大的事去做。

第七，只有少数人能克制自己，这部分人应当担负起管理的责任。

X 理论的观点非常类似于我国古代的性恶论，认为"人之初，性本恶"，在这种理论的指导下，必然会形成严格控制的管理方式，以金钱作为激励人们努力工作的主要手段，对消极怠工的行为采取严厉的惩罚，以权力或控制体系来保护组织本身和引导员工。

2. Y 理论

在 X 理论之后，麦格雷戈又提出了与之完全相反的 Y 理论，这一理论的内容主要有六点。

第一，一般人并不是天性就不喜欢工作的，大多数人愿意工作，愿意为社会、为他人做贡献，工作中体力和脑力的消耗就像游戏和休息一样自然。工作可能是一种满足，因而自愿去执行；也可能是一种处罚，因而只要可能就想逃避。到底怎样，要看环境而定。

第二，大多数人是愿意负责的，愿意对工作、对他人负责任，外来的控制和惩罚并不是促使人们为实现组织的目标而努力的唯一方法。它甚至对人是一种威胁和阻碍，并放慢了人成熟的脚步。人们愿意实行自我管理和自我控制来完成应当完成的目标。

第三，人具有自我指导、自我表现控制的愿望，人的自我实现的要求和组织要求的行为之间是没有矛盾的，如果给人提供适当的机会，就能将个人目标和组织目标统一起来。

第四，一般人在适当条件下，不仅学会了接受职责，而且学会了谋求职责。逃避责任、缺乏抱负及强调安全感，通常是经验的结果，而不是人的本性。

第五，所谓的承诺，与达到目标后获得的报酬是直接相关的，它是实现目标的报酬函数。

第六，人具有独创性，每个人的思维都有其独特的合理性，在解决组织的困难问题时，都能发挥较高的想象力、聪明才智和创造性；但是在现代工业生活的条件下，一般人的智慧潜能只是得到了部分发挥。

Y 理论的观点非常类似于我国古代的性善论，认为"人之初，性本善"，以这一理论为指导，管理的方式方法必然也会不同，管理者的重要任务不再是监督控制，而是创造一个使人得以发挥才能的工作环境，发挥出员工的潜力，使员工在完成组织目标的同时也达到自己的个人目标；同时，对人的激励主要是给予来自工作本身的内在激励，让员工承担具有挑战性的工作，担负更多的责任，满足其自我实现的需要。

3. 超 Y 理论

麦格雷戈认为 Y 理论较 X 理论更为优越，因此管理应当按照 Y 理论来行事。但是后来，约翰·莫尔斯（John J. Morse）和杰伊·洛尔施（Jay W. Lorsch）这两位学者经过实验证明麦格雷戈的这一观点是不正确的，他们于 1970 年在《哈佛商业评论》上发表了《超 Y 理论》一文，提出了著名的"超 Y 理论"，对麦格雷戈的 X 理论-Y 理论做进一步的完善①。该理论的主要观点包括四个方面。

首先，人们是抱着各种各样的愿望和需要加入企业组织的，人们的愿望和需要有不同的类型。有的人愿意在正规化、有严格规章制度的组织中工作；有的人却需要更多的自治和更多的责任，需要有更多发挥创造性的机会。

其次，组织形式和管理方法要与工作性质和人们的需要相适应，不同的人对管理方式的要求是不一样的。对上述的第一种人应当以 X 理论为指导来进行管理，第二种人则应当以 Y 理论为指导来进行管理。

再次，组织机构和管理层次的划分，员工的培训和工作的分配，工资报酬、控制程度的安排都要从工作的性质、工作的目标和员工的素质等方面考虑，不可能完全一样。

最后，当一个目标达到以后，可以激起员工的胜任感和满足感，使之为达到新的更高的目标而努力。

按照超 Y 理论的观点，在进行人力资源管理活动时要根据不同的情况，采取不同的管理方式和方法。

（二）四种人性假设理论

美国行为科学家埃德加·沙因在其 1965 年出版的《组织心理学》② 一书中把前人对人性假设的研究成果归纳为"经济人假设""社会人假设"和"自我实现人假设"，并在此基础上提出了"复杂人假设"，将这四种假设排列称为"四种人性假设"，这应当说是到目前为止对人性假设所做的最为全面的概括和研究③。

---

① 时勘. 企业管理的人性化思考 [J]. 管理学家（学术版），2013，(08)：90-91.
② 埃德加·沙因. 我的学习之旅 [J]. 黄江，朱晶，译. 清华管理评论，2016，(06)：48-59.
③ （美）埃德加·沙因. 组织心理学 [M]. 马红宇·王斌，译. 北京：中国人民大学出版社，2009.

1. 经济人假设

埃德加·沙因将经济人假设的观点总结为：①人是由经济诱因来引发工作动机的，其目的在于获得最大的经济利益；②经济诱因在组织的控制下，人总是被动地在组织的操纵、激励和控制下从事工作；③人以一种合乎理性的、精打细算的方式行事，总是力图用最小的投入获得满意的报酬；④人的情感是非理性的，会干预人对经济利益的合理追求，组织必须设法控制人的感情。

2. 社会人假设

埃德加·沙因将社会人假设的观点总结为四点：①人类工作的主要动机是社会需要，人们要求有一个良好的工作氛围，要求与同事之间建立良好的人际关系，经过与同事的关系获得基本的认同感；②工业革命和工作合理化的结果，使得工作变得单调而无意义，因此必须从工作的社会关系中寻求工作的意义；③非正式组织有利于满足人们的社会需要，因此非正式组织的社会影响比正式组织的经济诱因对人有更大的影响力；④人们对领导者的最强烈期望是能够承认并满足社会需要。

3. 自我实现人假设

埃德加·沙因将自我实现人假设的观点总结为：①人的需要有低级和高级的区别，从低级到高级可以划分为多个层次，人的最终目的是满足自我实现的需要，寻求工作上的意义；②人们力求在工作上有所成就，实现自治和独立，发展自己的能力和技术，以便富有弹性，能适应环境；③人们能够自我激励和自我控制，外部的激励和外部的控制会对人产生威胁，产生不良的后果；④个人自我实现的目标和组织的目标并不是冲突的，而是能够达成一致的，在适合的条件下，个人会自动地调整自己的目标使之与组织目标相配合。

4. 复杂人假设

埃德加·沙因认为，经济人假设、社会人假设和自我实现人假设并不是绝对的，它们在不同的环境下针对不同的人分别具有一定的合理性。由于人们的需要是复杂的，因此不能简单地相信或使用某一种假设，为此他提出了复杂人的假设，这一假设包括以下观点：

①每个人都有不同的需要和不同的能力，工作的动机不但非常复杂而且变动性也很大，人们的动机安排在各种重要的需要层次上，这种动机阶层的构造不但因人而异，而且对于同一个人来说在不同的时间和地点也是不一样的。

②人的很多需要不是与生俱来的，而是在后天环境的影响下形成的，一个人在组织中可以形成新的需要和动机，因此在组织中表现的动机模式是他原来的动机模式与组织经验交互作用的结果。

③人们在不同的组织和不同的部门中可能有不同的动机模式，例如有人在正式组织中满足物质利益的需要，而在非正式组织中满足人际关系方面的需要。

④一个人在组织中是否感到心满意足，是否肯为组织奉献，取决于组织的状况与个人的动机结构之间的相互关系，工作的性质、本人的工作能力和技术水平、动机的强弱及同事之间的关系等都可能对个人的工作态度产生影响。

⑤人们依据自己的动机、能力及工作性质，会对一定的管理方式产生不同的反应。

按照复杂人假设，实际上不存在一种适合于任何时代和任何人的通用的管理方式与方法，管理必须是权变的，要根据不同人的不同需要和不同情况，采取相应的管理方式。

二、激励理论

激励就是激发人内在的行为动机并使之朝着既定目标前进的过程。由此可见，激励是与人的行为联系在一起的，因此首先要简要了解一下行为的形成过程。心理学的大量研究表明，人的行为都是由动机决定和支配的，动机则是在需求的基础上产生的，当人产生了某种需求而这种需求又没有得到满足时，就会在内心中出现一种紧张和不安的状态。为了消除这种紧张和不安，人就会去寻找满足需求的对象，从而产生进行活动的动机。在动机的支配下，人就会为了满足需求而表现出相应的行为。当人的需求得到满足后，紧张和不安的心理状态就会消除，然后就会产生新的需求、形成新的动机、引发新的行为。

（一）内容型激励理论

内容型激励理论主要是研究激励的原因和起激励作用的因素有哪些。代表性的内容型激励理论有：马斯洛的需求层次理论①、阿尔德弗的 ERG 理论②、赫茨伯格的双因素理论③等。

1. ERG 理论

这是美国心理学家克雷顿·奥尔德弗（Clayton Alderfer）提出的一种理论，④ 他在大量研究的基础上，对马斯洛的需求层次理论进行了修正，认为人的需求主要有三种：生存需求（Existence），包括心理与安全的需求；关系需求（Rclatcdncss），包括有意义的社会人际关系；成长需求（Growth），包括人类潜能的发展、自尊和自我实现。由于这三个词

---

① 郭卜乐. 马斯洛的需要层次理论 [J]. 教师博览（上旬），2005，(9)：2.
② 胡君辰，徐凯. (2008). ERG 理论视角下的员工情绪管理 [J]. 人力资源管理 (6)，4.
③ 赫茨伯格，等. 赫茨伯格的双因素理论 [M]. 张湛译，. 北京：中国人民大学出版社，2009.
④ 樱子. ERG 需要理论的创始人：克雷顿·奥尔德弗 [J]. 现代班组，2009，(12)：25.

的首字母分别是 E、R、G，因此这一理论又被称为 ERG 理论。

首先，生存需求，是人类最基本的需求，如生理上的和物质上的需求，这类需求相当于马斯洛提出的生理需求和安全需求。

其次，关系需求，指与他人进行交往和联系的需求，这相当于需求层次理论中的社交需求和尊重需求中他人尊重的那部分。

最后，成长需求，指人们希望在事业上有所成就、在能力上有所提高，不断发展、完善自己的需求，这可以与需求层次理论中自我实现的需求及尊重需求中自我尊重的那部分相对应。

奥尔德弗认为，各个层次的需求得到的满足越少，那么人们就越希望满足这种需求；较低层次的需求得到越多的满足，人们就越渴望满足较高层次的需求，但是如果较高层次的需求受到挫折、得不到满足，人们的需求就会退到较低层次，重新追求低层次需求的满足。据此奥尔德弗提出，在需求满足的过程中既存在需求层次理论中提到的"满足—上升"趋势，也存在"挫折—倒退"趋势。此外，他还指出，人们所有的需求并不都是天生就有的，有些需求是经过后天学习和培养得到的，尤其是较高层次的需求。

尽管 ERG 理论假定激励行为类似于马斯洛需求层次理论的层次而上升，但两者间还是有两个重大区别。首先，ERG 理论认为可以同时有两种或两种以上需求占主导地位。例如人们可以同时被对金钱的欲望（生存需求）、友情（关系需求）和学习新技能的机会（成长）所激励。其次，ERG 理论有"挫折—倒退"的机制。如果需求迟迟不能满足，个体会感受到挫折，退回较低的层次，并对较低层次的需求有更强烈的欲望。例如以前由金钱（生存需求）激励的员工可能获得了一次加薪，从而满足了这方面的需求。假定他接下来试图建立友情，以满足关系需求。如果由于某些原因他发现不可能同工作中的其他同事成为好朋友，他可能遭受挫折并且退缩，进而会去争取更多的金钱来满足自己的生存需求。

根据马斯洛（Maslow）与奥尔德弗的理论，在人力资源管理过程中，为了调动员工的工作积极性和主动性，管理者必须首先了解员工的哪些需求没有得到满足及员工最希望满足的是哪些需求，然后有针对性地去满足员工的这些需求，这样才能最大限度地刺激员工的动机，发挥激励的效果。

2. 双因素理论

双因素理论，又称作"激励-保健因素"理论，是美国行为科学家弗雷德里克·赫茨伯格（Frederick Herzberg）提出的一种激励理论[1]。20世纪50年代末，赫茨伯格及其同事对匹兹堡地区9家工业企业的200多位工程师和会计师进行了访谈，访谈主要围绕两个问题：在工作中，哪些事项是感到满意的，并估计这种积极情绪持续多长时间；又有哪些事项是感到不满意的，并估计这种消极情绪持续多长时间。赫茨伯格以对这些问题的回答为材料，着手去研究哪些事情使人们在工作中得到快乐和满足，哪些事情造成不愉快和不满足。在此基础上，他提出了双因素理论。

调查的结果表明，使员工感到满意的因素往往与工作本身或工作内容有关，赫茨伯格将其称为"激励因素"，包括成就、认可、工作本身、责任、晋升、成长等六个方面；使员工感到不满意的因素则大多与工作环境和工作条件有关，赫茨伯格将其称为"保健因素"，主要体现在公司的政策和管理、监督、与主管的关系、工作条件、薪酬、与同事的关系、个人生活、与下属的关系、地位、安全感等十个方面。

保健因素的满足对员工产生的效果类似于卫生保健对身体健康所起的作用。保健从人的环境中消除有害健康的事物，它不能直接提高健康水平，但有预防疾病的效果；它不是治疗性的，而是预防性的。这些因素恶化到人们认为可以接受的水平以下时，就会产生不满意。但是，当人们认为这些因素很好时，它只是消除了不满意，并不会导致积极的态度，这就出现了一种既没有满意也没有不满意的中性状态。根据赫茨伯格的发现，管理者应该认识到保健因素是必需的，但只有激励因素才能使人们更努力地工作，有更好的工作绩效。对于激励因素，如果员工得到满足后，往往会使员工感到满意，具有较高的工作积极性和主动性，当这些因素缺乏时，员工的满意度会降低或消失，但是并不会出现不满意的情况。也就是说，激励因素只会产生满意，却不会导致不满。保健因素与激励因素是彼此相对独立的。

据此，赫茨伯格针对传统的工作满意/不满意，提出了自己不同的看法。传统的观点认为，"满意"的对立面就是"不满意"，因此消除了"不满意"就会产生"满意"。赫茨伯格则认为，"满意"的对立面是"没有满意"，"不满意"的对立面是"没有不满意"，消除"不满意"只会产生"没有不满意"，并不能导致"满意"。

赫茨伯格的双因素理论与马斯洛的需求层次理论有相似之处，赫茨伯格提出的保健因素就相当于马斯洛提出的生理需求、安全需求、社交需求等较低级的需求；激励因素则相当于尊重需求、自我实现需求等较高级的需求，但是这两个理论解释问题的角度是不同的；相比需求层次理论，双因素理论更进了一步，它使管理者进行激励时的目标更加明

---

[1] 郭金毅，杨洪民，陈新泉. 如何利用"双因素理论"提高员工积极性 [J]. 科技咨询导报，2007，（05）：109.

确，也更有针对性。

当然，这一理论同样也有不足的地方。首先，调查样本的代表性不够，工程师和会计师这类白领和一般工人存在较大差异，因此调查得到的结论并不具有广泛的适用性；其次，人们总是把好的结果归结于自己的努力而把不好的结果归罪于客观条件或他人，问卷调查没有考虑这种一般的心理状态；最后，有许多行为科学家认为，高度的工作满意不一定就产生高度的激励，不论是有关工作环境的因素，还是工作内容的因素，都有可能产生激励作用，这取决于环境和员工心理方面的许多条件。

赫茨伯格的双因素理论对人力资源管理的指导意义在于，能够促使管理者注意工作内容方面因素的重要性。促使管理者在激励员工时去区分激励因素和保健因素，对保健因素不能无限制地满足，这样做并不能激发动机，调动积极性，而应当更多地从激励因素入手，满足员工在这方面的需求，这样才能使员工更加积极主动地工作。也就是说，物质需求的满足是必要的，没有它会导致不满意，但是它的作用往往也是有限的、不能持久的。要调动人的积极性，不仅要注意物质利益和工作条件等外部因素，更重要的是要注意工作安排、量才适用，各得其所，给予认可，注重给人以成长、晋升的机会。此外，在人力资源管理过程中要采取有效的措施，将保健因素尽可能地转化为激励因素，从而扩大激励的范围。

3. 需求层次理论

美国心理学家亚伯拉罕·马斯洛（Abraham Harold Maslow）在 1943 年出版的《人类激励的一种理论》一书中首次提出了需求层次理论，1954 年在《激励与个性》一书中又对该理论进行更详细的阐述，他将人们的需求划分为五个层次：生理需求、安全需求、社交需求、尊重需求、自我实现需求①。

第一，生理需求。这是人类维持自身生存所必需的最基本的需求，包括衣、食、住、行的各个方面，如食物、水、空气、住房等。生理需求如果得不到满足，人们将难以生存下去。

第二，安全需求。这种需求不仅指身体上的，希望人身得到安全、免受威胁，还包括经济上的、心理上的、工作上的等多个方面，如有一份稳定的工作、不会受到刺激或者惊吓、退休后生活有所保障等。

第三，社交需求。有时也称作友爱和归属的需求，是指人们希望与他人进行交往，与同事和朋友保持良好的关系，成为某个组织的成员，得到他人关爱等方面的需求。这种需

---

① 唐湘斌. 我国公务员激励机制的完善研究：从 ERG 理论角度探讨 [J]. 个人，2016，（11）：3.

求如果无法满足，可能会影响人们的心理健康。

第四，尊重需求。包括自我尊重和他人尊重两个方面。自我尊重主要是指对自尊心、自信心、成就感、独立权等方面的需求；他人尊重是指希望自己受到别人的尊重、得到别人的承认，例如名誉、表扬、赞赏、重视等。这种需求得到了满足，人们就会充满信心，感到自己有价值；否则就会产生自卑感，容易使人沮丧、颓废。

第五，自我实现需求。这是最高层次的需求，指人发挥自己最大的潜能，实现自我的发展和自我的完善，成为自己所期望的人的需求。

按照马斯洛的观点，人们的这五种需求是按照生理需求、安全需求、社交需求、尊重需求、自我实现需求的顺序从低级到高级依次排列的，满足需求的顺序也同样如此。只有当低一级的需求得到基本的满足以后，人们才会去追求更高一级的需求；在同一时间，人们可能会存在几个不同层次的需求，但总有一个层次的需求是发挥主导作用的，这种需求就称为优势需求；只有那些未满足的需求才能成为激励因素；任何一种满足了的低层次需求并不会因为高层次需求的发展而消失，只是不再成为行为的激励因素而已；这五种需求的次序是普遍意义上的，并非适用于每个人，一个人需求的出现往往会受到职业、年龄、性格、经历、社会背景、受教育程度等多种因素的影响，有时可能会出现颠倒的情况。

马斯洛的需求层次理论将人们的需求进行了内容上的区分，揭示了人类心理发展的一般规律，这对管理的实践具有一定的指导意义，但同时也存在一些问题，马斯洛自己也承认，这一理论并没有得到实证研究的证明。此外，他将需求层次看成是机械的固定上升模式，没有考虑到人们的主观能动性；他认为已满足的需求将不再成为人们行为的动机，但是对于满足的意义解释却不是很明确。

（二）过程型激励理论

过程型激励理论关注激励是如何发生的。过程型激励理论并不试图去弄清楚有哪些激励因素，而是关注为什么人们选择特定的行为来满足其需求；为了激励员工，管理者在激励过程中应该如何做。代表性的过程型激励理论有期望理论与公平理论。

1. 期望理论

有很多学者对期望理论进行了研究，其中以美国心理学家维克多·弗鲁姆（Victor Vroom）于1964年在他著的《工作与激励》一书中提出的理论最具代表性[①]。人之所以有动力去从事某项工作并实现目标，是因为这些工作与组织目标的实现反过来会帮助他们实

---

① 杜有志. 从弗鲁姆的期望理论谈中学生学习能力自我发展策略 [J]. 广西教育, 2010, (17): 12-13.

现自己的目标，满足自己某些方面的需求。因此，激励的效果取决于效价和期望值两个因素，即

$$激励力(motivation) = 效价(valence) \times 期望值(expectance)$$

$$M = V \times E \tag{1-1}$$

在公式中，激励力表示人们受到激励的程度。效价指人们对某一行动所产生结果的主观评价，取值范围在+1~−1，结果对个人越重要，效价值就越接近+1；如果结果对个人无关紧要，效价值就接近于0；如果结果是个人不愿意让它出现而尽力避免的，效价值就接近于−1。期望值是指人们对某一行动导致某一结果的可能性大小的估计，它的取值范围是0~1。由公式可以看出，当人们把某一结果的价值看得越大，估计结果能实现的概率越大，那么这一结果的激励作用才会越大；当效价和期望值中有一个为零时，激励就会失去作用。

根据以上公式，只有当效价与期望值都较高时，才会产生比较强的激励力。因此，当人们预期某一行为（个人努力）能够完成任务（个人绩效），而任务完成后能够得到组织的奖励，且组织奖励有助于个人目标时，个体就会有动力去实施这一行为。也就是说，个体是否会有动力，取决于三个关系：第一个是个人努力和个人绩效之间的关系；第二个是个人绩效和组织奖励之间的关系；第三个是组织奖励和个人目标之间的关系。这三个关系中任何一个减弱，都会影响整个激励的效果。

按照期望理论的观点，人力资源管理要达到激励员工的目的，必须对绩效管理系统和薪酬管理系统进行相应的改善。在绩效管理中，给员工制定的绩效目标要切实可行，必须是员工经过努力能够实现的；要及时对员工进行跟进，帮助员工实现目标；同时，要能对员工的绩效进行客观、公正的评价。对于薪酬管理而言，一方面要根据绩效考核的结果及时给予各种报酬和奖励；另一方面要根据员工不同的需求设计个性化的报酬体系，以满足员工不同的需求。

2. 公平理论

公平理论是美国心理学家约翰·亚当斯（John Adams）于1956年从人的认识角度出发提出的一种激励理论，这一理论以社会比较理论为基础，研究个人所做的贡献与所得的报酬与他人（或自己）比较之后的结果，及其对员工积极性的影响[1]。

公平理论对管理的意义是显而易见的。首先，影响激励效果的不仅有报酬的绝对值，也有报酬的相对值。其次，激励时应力求公平，即使有主观判断的误差，也不会造成严重

---

[1]　赵曙明.薪酬激励让"公平"点燃组织活力 [J].中国石油企业，2019，(Z1)：72.

的不公平感。最后，在激励过程中应注意对被激励者公平心理的引导，使其树立正确的公平观：①要认识到绝对的公平是不存在的；②不要盲目攀比；③不要按酬付劳。在薪酬管理方面，就是要实施具有公平性的报酬体系，这种公平体现在内部公平、外部公平和自我公平三个方面，要使员工感到自己的付出得到了相应的回报，从而避免员工产生不满情绪。

 ## 第四节　现代人力资源管理发展的新环境与新方向

一、现代人力资源管理发展的新环境

（一）全球化与现代人力资源管理发展

1. 全球化概述

全球化是 20 世纪 80 年代以来在世界范围日益凸显的新现象，是当今时代的基本特征。全球化还没有统一的定义，一般来讲，从物质形态看，全球化是指货物与资本的越境流动，经历了跨国化、局部的国际化及全球化这几个发展阶段。货物与资本的跨国流动是全球化的最初形态。在此过程中，出现了相应的地区性、国际性的经济管理组织与经济实体，以及文化、生活方式、价值观念等精神力量的跨国交流、碰撞、冲突与融合。总的来讲，全球化是一个以经济全球化为核心，包括各国各民族各地区在文化、科技、安全、生活方式、价值观念等多层次、多领域的相互联系、影响、制约的多元概念。"全球化"可概括为科技、经济、政治、法治、管理、组织、文化、思想观念、人际交往、国际关系等十个方面的全球化。

经济、工业技术的发展使得通信、社会活动、政治活动和人类活动在范围和特点上都呈现出越来越国际化的趋势。同时，人们对生活方式和工作方式有了更多的认识。因此，全球化对人类的智力、情感、社会、政治、经济和文化等诸方面都产生了广泛而复杂的影响，可以说形成了一种多维的影响。

2. 全球化对现代人力资源管理产生的影响

全球化的快速发展增加了全球各个领域竞争的激烈程度，这种更为激烈的竞争必然把人力资源管理的效率摆到一个更加突出的位置。全球化要求组织内的员工以不断提升自我

的知识与技能为发展目标，通过学习来提升与更新自我。人力资源开发与管理的任务就是要在组织或社区内部全面地激发这种能力，促进持续学习。无论是对组织还是个人，这种理念对其他任何过程而言都是基本的。

在人力资源开发与管理活动中，全球化的力量已经体现在诸多公司尤其是跨国公司对多元文化及多国人力资本日益加深的重视程度上面。一方面，这样有利于引进、吸纳多种管理技术、组织文化和优秀人才；另一方面，也对如何适应、利用这些有利因素提出了新的要求与观点。随着全球化的迅速发展，管理者需要努力平衡两方面的矛盾，即思考全球化与考虑本地需求的兼顾。这种需求要求企业把人、思想、产品及信息发送和传播到全世界，以满足当地的需求。因此，这就要求企业在制定策略的时候，在纷繁复杂的情况中把新的、重要的元素考虑进去，如不稳定的政治局面、有争议的全球贸易事件、汇率的波动及不熟悉的文化背景等。简言之，全球化要求所有的组织提高学习与合作，以及处理变化、辨别复杂和模糊问题的能力。

全球化要求员工必须胜任在国际环境与开放环境中工作，并且具备跨文化敏感性及外语技能，以及了解彼此间的政策体制和网络工作。而以上对员工的新要求也对人力资源管理提出了新的目标，即努力在国际层面上进行人力资源投资以发展和维护适当的全球监控和平衡及民主平等。

因此，未来人力资源开发与管理在全球化影响下的一个主要作用是，根据不同环境安排适合于个体的学习，同时促进社会性内容的学习和团队学习，正是这种不断增加的压力使得个体能做出接受个体学习的承诺、个体行动规划和绩效评估。未来的人力资源开发与管理将关注那些能使员工在一生中以个体学习或小组学习的方式，以及进行反复自我培训的项目。人们希望中等收入水平的工作能够改变自己的专业而不仅仅是工作，希望一生中能够调换几次工作。劳动力和企业可能会越来越依靠教育机构来提供人力资源开发与管理方面的培训。

在信息革命中，大学和其他教育机构将会使用多种模式在继续教育中起到极大的作用，这就要求企业和教育机构之间建立合作伙伴关系。企业将不断地对其雇员的进修培训进行投资，其利益将大体上属于社会，而潜在地属于世界性组织。自由职业者和临时工要对自己持续的专业发展负责。企业将不得不用新的诱惑来吸引最优秀的人才，并努力留住他们。

（二）信息技术革命与现代人力资源管理发展

信息技术革命是指人类社会储存、处理、传播、利用信息的形式所发生的划时代的革命变化。新技术革命自兴起至今大致经历了两个基本阶段：首先，是以原子能、电子计算机和空间技术的诞生为标志的形成阶段（20世纪四五十年代），其中计算机技术开辟了人类智力的新纪元；其次，是以信息高速公路即网络技术等为标志的全面发展的新阶段（20世纪70年代开始至今）。网络是现代通信的新表现方式，从技术的角度来看，网络是由计算机技术与通信技术等技术相结合而成的。

最近一次的信息革命是以电子计算机技术为主导的，高度综合现代高科技"多媒体技术"的更高阶段的信息革命，这是一次信息综合处理手段更进一步的革命。"多媒体技术"就是应用数字化技术，综合利用各种传播媒体，将各种不同媒体所记载、传播、表述的信息融为一体，自如地分析组合成新的信息技术。多媒体技术的产生与应用，使社会生产的场所、组织形式，甚至整个生产方式都将发生较大的变化，使人类的整个生存环境都将发生根本性的变革，它将是人类历史上又一次伟大的信息革命。因此，信息高速公路是建立在电子计算机技术、现代通信技术等高科技基础上的、立体的、广域的、交互的、数字化的、高智能化的多媒体信息网络系统。

在当今这个高度发达的信息社会，人力资源管理正面临着空前的机遇与挑战。一方面，人力资源管理以其朝气蓬勃的生命力，为新兴信息技术的使用和发展提供了广阔的空间；另一方面，依托互联网和应用系统平台，人力资源管理正在向企业战略性伙伴的目标稳步迈进。

（三）大数据时代与现代人力资源管理发展

自2008年以来，大数据的思想和方法逐渐影响着国家治理、商业决策、社会生活等各个方面。对于企业管理来说，大数据带来的是管理思想的重大变革，如何面对这种变革、利用大数据进行管理创新是一项重要议题。

在人力资源管理领域，首先应从企业管理者到每一个员工，形成全方位的大数据思维，以便从战略及实践等各个方面创新人力资源管理模式和方法。在大数据思维的指导下，在人力资源管理的各个模块运用新的方法。例如人才测评，传统的人员素质测评属于小数据预测，该时代的素质测评一般从工作分析入手，基于传统的数据库，强调随机的、整体的而非个体的统计学样本，能力模型的构建是模糊的和笼统的，缺乏个性，这使得传统的人才测评在理论和方法上存在先天性缺陷。而大数据下的人才测评，由重技术（T）向重信息（I）转变。大数据预测的模型构建不再基于随机样本，而是越来越面向全体数据；测评的结果不再追求精确度和因果关系，而是突出其"预测性"，承认混杂性和探索相互关系，不再草率地给人才下"应然"或"必然"的结论，而是预测人才的"将做"，并制定适当的应对预案和管理决策。

因此，未来的人才测评理论和方法在测评原理、素质模型构建、数据获得、数据计算和分析、测评专家与数据分析专家的角色区分、数据分析结果应用等诸多方面必将发生重大变革，并且为思想品德、价值观等人才测评难题提供新思路和新方法。在招募与甄选上，逐渐与社交网络相结合，从而纵深了解应聘者各个方面的信息，不局限于学历、工作经历等传统信息，更包括个人爱好、人际关系等，有助于企业形成对应聘者的全方位立体认识，从而更好地进行人岗匹配。

二、现代人力资源管理的新方向

人力资源是资源要素中最活跃、最积极的生产要素，是企业经济进步和发展的真正动力和源泉，是唯一具有能动性的因素。生存在这一特定时代背景下的任何一个企业，都将面临全新的挑战和机遇。作为企业生产要素之一的人力资源，因其富有主观能动性、创造性及个体多样性的特点，在现代企业的发展中越来越受到企业领导者的重视。建立自身的人力资源优势已成为企业参与竞争、持续发展的关键所在。

与之相应的人力资源管理在企业各项工作中的位置也由支撑转向主导，成为企业发展战略的重要组成部分。对人力资源进行科学而有效的开发与管理，最大限度地发挥人力资源的效能，以促进企业的发展，是人力资源管理的出发点和最终归宿。在这一过程中，采取何种方式和手段对人力资源的个体采取何种态度并且加以开发利用，已成为企业领导者和人力资源管理者必须且不断进行探索和研讨的话题。因此，人力资源管理也展现出新的发展方向。

（一）组织文化发生转变

组织文化是管理实践和管理理论中的重要内容。在当代组织中，组织文化由一般的"文化"拓展到"技术—经济—文化"体系，它更加深刻地反映组织的环境背景和对人力资源多角度、全方位的开发利用与管理。

第一，从行为管理到观念管理。从行为管理到观念管理，这是当今管理针对知识型员工劳动的特殊性而进行的管理范式的转变。这一转变说明，当今文化管理的对象是知识型员工的思想、观念乃至心灵。从管理行为到管理观念，这表明当代管理迈入了一个全新的时代。

第二，从控制式管理到支持式管理。从"控制"管理到"支持"管理，这不仅适用于知识型员工的管理范式转变，同样也适用于当代产业工人的管理范式转变。今天的产业工人对文化管理的需求程度也在空前地提高。面对这一切,当代管理者不应该仅仅是顺应时势,而是要走在时代的前列。

第三,从他人管理到自我管理。当今的管理是从他人管理到自我管理的发展,也是一种管理境界的提升。所谓自我管理,就是让知识型员工按照自己的意愿、方式,自己进行时间和空间统筹而完成工作任务的管理方式。由于自我管理模式很适合知识型员工高智商、高创造性和高主观能动性等特点,所以很受他们的欢迎。对于他们而言,自我管理范式可以使其获得最大限度上的被尊重,他们的智慧也将得到最大限度的发挥。

第四,从过程管理到目标管理。由于知识型员工的独立性及难掌控性,对知识型员工的过程管理从根本上是无效的,这使得目标管理成为当今管理实践中的普遍范式。知识经济时代的目标设定与工业化生产目标的设定具有完全不同的特征。在工业生产目标设定中,可以轻而易举地设定数字,目标设定可以通过科学的手段或工具进行精确的测度;而知识型员工生产目标的设定却更多的是一种艺术,它设定得准确与否取决于管理者对这种类型员工的专业素质、创造力、意志力等心理因素的把握程度。互动模式的设定对目标管理的实施具有重大的意义。目标管理中的互动模式,应该以员工主动提出问题,要求与管理者对话、商讨、解决问题为原则。管理者原则上不主动过问员工工作过程中的事务,以避免造成干涉员工自由创造或打破员工自我管理的平衡状态,招致员工的不满并影响其工作质量与工作效率。

第五,从制度、规章管理到情感、智慧管理。现代企业通常具有完善而庞大的管理制度系统,这是现代企业获得成功的基本保证。面对变动的当今社会,以及知识型员工工作的灵活性、创造性等特征,过于死板的规章制度是无法适应最新的管理状况的。制度、规章管理让位于情感、智慧管理,是当今管理的必然趋势。情感和智慧管理成功的奥秘在于通过创造宽松的工作氛围,使员工获得情感上的愉悦,从而提高其工作积极性和工作效率。这种制度之所以是智慧的,是因为它体现了水一般的流动性和变通性。变通是最古老的智慧,也是后现代的智慧,它体现了一种文化,因而是具有生命力的。

(二)人力资源开发与管理在组织中呈现的发展特点

正因为组织文化发生了以上的变化,因此,人力资源开发与管理在组织中呈现出不同的发展特点。

1. 人力资源管理需要促进企业与员工的和谐发展

"人力资源管理"是指会对员工的行为、态度及绩效产生影响的各种政策、实践和制度,是现代的人事管理。它包含了企业为了取得、开发、保持和有效利用在生产和经营过程中必不可少的人力资源，通过运用科学、系统的技术和方法所进行的各种相关的计划、组织、指挥及控制活动，是影响企业与员工之间关系的所有决策和行为。企业与员工之间的关系是辩证的关系，两者是利益的结合体，又在某种程度上相互矛盾。企业与员工之间的和谐发展是现代人力资源管理追求的目标。这里的"和谐发展"有三层意义：一是两者要共同发展，二是彼此促进，三是互不矛盾。

2. 组织管理模式发生转变

随着知识经济时代的到来，原来金字塔式管理所带来的刚性管理开始柔性化。这其中的原因在于：在知识经济时代条件下，劳资双方的关系将发生革命性的变化，这是人力资源管理从刚性转向柔化的物质原因。柔性管理本质上是一种"以人为中心"的管理，要求用"柔性"的方式去管理和开发人力资源。人力资源的柔性管理是在尊重人的人格独立与个人尊严的前提下，在提高广大员工对企业的向心力、凝聚力与归属感的基础上所实行的分权管理。柔性管理的最大特点在于它主要不是依靠外力，而是依靠人性解放、权利平等、民主管理，从内心深处激发每个员工的内在潜力、主动性和创造精神，使他们能心情舒畅、不遗余力地为企业不断开拓新的优良业绩。

3. 人际关系发生转变

企业员工之间，尤其是上级和下级之间的人际关系是影响人力资源效能的一个重要因素。要重视每一位员工，主观上认为他们都是有用的人才，客观上为其创造可以体现个人价值的岗位和机遇。管理者要相信每一位员工都会把工作做好，并在工作中引导员工不断学习、交流、借鉴和创新。在使用人的同时，还要培养人，帮助员工进行职业生涯规划，让他们做愿做想做的工作。企业内部的员工无论其所处职位、地位如何，相互之间都应倡导一种朋友、伙伴关系，要加强人与人之间的沟通、协调与合作，形成浓厚的相互理解、相互尊重的氛围。如何通过组织内外人与人之间关系的管理，达到组织文化与价值观的重塑、团队精神与学习能力的培养、沟通与交流效率的提升、合作与互动模式的创新、协调与整合方法的改进，以及组织内外人际关系资源的有效开发和最佳配置等，已成为未来管理取胜的关键。

4. 企业文化建设发生转变

通过建设积极强烈的企业文化来推动企业的发展和强化企业的竞争地位，成为许多企业孜孜以求的目标。但是，许多国有企业对企业文化存在一种误解，他们往往把服装、口号、徽标等企业文化的外壳作为企业文化的全部。而事实上，企业文化本身并不是一种可以脱离企业管理实践而发生作用的纯粹的精神号召。换言之，企业文化实际上是以企业的具体管理制度和政策为基础所形成的一种人文环境或心理体验。更准确地说，真正有生命力的、强烈的企业文化是蕴藏在企业所有活动中的一种内在东西，只有以企业的人力资源管理政策与实践作为制度支撑的企业文化才能真正深入到每一位企业员工的心中，从而具有强大的生命力。

5. 激励机制发生转变

激励的形式分为精神的和物质的。物质是人类生存的基础和基本条件，衣食住行是人类最基本的物质需要，从这个意义上讲，物质利益对人类具有永恒的意义，是一个永恒的追求。同时，现代心理理论认为，人类的行为是一个可控的系统，借助于心理的方法，对人的行为进行研究和分析，并给予肯定和激励，可以达到定向控制的目的，并使其强化。因此，现代人力资源管理必须建立科学、合理、有效的，并且让员工明了、认同的绩效管理机制。

(三) 组织领导的新使命

1. 发展方向：建立经济文化型愿景

新的时代赋予了企业领导特殊的职责和使命，即建立企业的经济文化型愿景。这也是一个艰巨而复杂的过程，需要领导者担负起物质财富与精神财富创造的双重劳动，身兼企业家和文化学者的双重角色，成为社会经济发展的推动者。

建立企业的经济文化型愿景是一项系统工程。它包括企业战略系统、企业伦理和价值系统、企业终极目标系统和企业形象识别系统。这与通常意义上的企业文化建设存在着本质的区别。因为当代企业的愿景构筑是反文化的，它改变了传统企业文化建设的虚假、苍白和表面化色彩，是建立在真实、朴素、深刻、尊重人性、尊重社会与自然、追寻终极意义的基础上的。

2. 建设目标：建立学习超越型组织

自我学习与更新已经成为当代企业考查员工能力的重要标准之一，可见学习对于企业的重要性。创新则是非常实际的活动，在当代社会，创新发生于每一天，发生在每一个人的身上。创新不一定就是伟大的、轰轰烈烈的行动，它只是当代社会的一项基本人类活动，它体现于任何一件细小的事上。也就是说，当代社会的创新已经平民化、日常化和非伟大化，而不是通行创新的精英化、非常化和伟大化。

学习和创新在当代社会的普遍性和平民化，对于企业而言，建立学习超越型组织才更显重要。其建立不是一项孤立的任务，它与企业愿景体系的构筑及其他后现代领袖的任务是相互依存的。如果一家企业没有构筑成功的愿景体系，它的员工培训计划的导入就将没有正确的方向，从而最终失败。

3. 体制支撑：构建内部营销对话体系

目前，在世界范围内企业内部营销得到的重视还远远不够。在当代社会，企业内部营销对企业的发展也非常重要。内部营销看似简单，但跨出这一步却异常艰难。目前，推行内部营销模式最大的障碍在于企业领袖拘泥于传统的价值观，担心对员工太好会失去自己的权威。

构建内部营销对话体系，需要全新的价值观，需要企业领袖放弃精英意识，换之以敬畏生命的平民意识。应该放弃使用"员工"这一传统的带有强烈统治意识的词汇，而使用"伙伴""朋友"这样温情的词汇。

一个内部营销家式的企业领袖应当知道怎样规避领导者与被领导者互不信任的局面，知道应该如何对被领导者进行积极的开放式管理。他具有博大的胸怀，使任何一名成员即使在选择离开企业之际也能得到友好的对待，甚至是无私的帮助。

4. 管理理念：构建目标管理分权体系

对于当代企业而言，多元化的企业管理模式已经成为发展的必然趋势。而对于当代企业总部与其各分支机构的松散关系而言，它的管理难度要高于传统企业。克服当代企业管理瓶颈的唯一方法是构建科学的分权体系。

由于企业的各个分支机构都是独立的法人单位，所以从战略层面上已经解决了分权管理的问题。但除此之外，企业还要在微观层面上建立分权管理体系。分权模式与目标管理模式是水乳交融的，在分权模式中存在着目标管理，在目标管理模式中也存在着分权。作为企业领袖，要把这两种模式有机地融合起来。

目标管理的内涵在当代企业中必须进行新的拓展，即企业设定的目标应该既包括经营目标，又包括文化目标。后者是当代企业对管理提出的新的任务，它的重要性甚至超过了前者，它彻底改变了传统经济型企业领袖的形象，使得当代企业领袖必须成为经济-文化型领袖。

5. 发展原则：建立传播诚信成功体系

当今时代，诚信和形象已经成为企业的生命线。作为企业领袖，他必须是一个真正的传播家，善于利用一切机会和手段随时将自己的企业介绍给公众。没有科学系统的传播策略，就没有企业的成功。

同时，企业的理论或思想不是凭空捏造出来的，而是建立在对社会与市场的深入分析、洞察和前瞻的基础上的。企业的传播诚信成功体系不允许企业以虚假的包装欺骗公众。诚信的意义在后现代超过了以往的任何时代，这是保证社会道德与秩序的必要手段。因为在互联网和各种传媒高度发达的后现代时期，公众在各种信息面前难辨真伪，这要求企业做出一种姿态，成为让公众可以信赖的对象。

因此，企业应该挺身维护社会的公正，通过自己的产品、自己回馈社会的行为树立企业在公众心目中的形象。因为诚信危机已经危及社会的持续发展，主持正义的企业才能得到公众的信赖并赢得巨大的成功。

（四）从职能性转向战略性人力资源管理

战略人力资源管理产生于20世纪80年代中后期，近来这个领域的发展令人瞩目。对这一思想的研究与讨论日趋深入，并被欧、美、日企业的管理实践证明是获得长期可持续竞争优势的战略途径。相对于传统人力资源管理，战略人力资源管理定位于在支持企业的战略中人力资源管理的作用和职能。

战略人力资源管理的特征表现在以下六方面：

一是人本性。管理的目的方面——战略人力资源管理的目的包括经济目的和社会目的两个方面，是二者的有机统一，即它一方面通过人力资源管理提升企业绩效，获得持续的竞争优势；另一方面将人力资源的开发与发展本身作为其人力资源管理的重要的甚至是终极的目的。对待"人"的态度方面——管理者在人力资源管理过程中不再将员工看作"工具"，而是把员工当作客户。组织在管理中不再单纯依靠劳动契约来约束员工的行为，而是更加重视与员工的沟通。注重通过向员工持续提供客户化的人力资源产品与服务来建立组织与员工之间的心理契约，并以此促进组织与员工的共同发展。

二是战略性。战略性主要体现在人力资源战略与组织总体战略的匹配上。人力资源管理不再局限于人力资源管理系统本身，而是自觉地将人力资源管理与组织的发展战略结合起来，让人力资源管理为组织总体战略目标的实现服务。在这种观念下，人力资源管理者更加着眼未来，对组织内外环境的变化保持着高度的敏感，时刻关注着环境变化对组织发展的影响，并能主动地分析组织的人力资源管理工作应该如何应对这些变化以保证组织战略目标的实现。同时，人力资源管理的目标不仅仅是满足组织近期的发展需要，还注重让组织从人力资源的角度构建核心竞争力，保证其持续、稳健的发展。

三是系统性。系统性主要体现在以系统论的观点看待人力资源管理。战略人力资源管理特别强调纵向和横向的匹配：纵向的匹配主要是指人力资源管理战略与组织战略的匹配，以及人力资源子系统战略与人力资源管理战略的匹配；横向匹配则主要是指人力资源管理职能与组织其他管理职能间的匹配，以及人力资源管理系统内部各职能间的相互匹配。战略人力资源管理的系统性既要求人力资源管理决策的系统性，更强调人力资源管理者的整体思想和协作意识。

四是动态性。动态性主要是指人力资源管理的柔性和灵活性，即人力资源管理对组织内外部环境的适应性。在人力资源管理过程中组织追求的不是某种最佳的人力资源管理实践，而是人力资源管理实践与组织内外部环境的不断适应。人力资源管理的动态性对组织和管理者都提出了全新的要求，它要求组织的系统保持柔性、人员保持柔性。更重要的是组织的文化必须具备创新求变的活力，组织学习能力的获取成为人力资源管理的一个重要目标。

五是价值导向性。价值导向性是指人力资源管理紧紧围绕组织的价值链展开工作，更加突出人力资源管理对组织的价值贡献，注重为内外部顾客提供附加值。对于那些在组织价值链上必不可少、至关重要的环节组织将予以强化，而对于那些对组织价值贡献不大的工作则实行外包或以计算机代替甚至取消。价值链分析成为人力资源战略制定不可或缺的环节，人力资源管理成为组织价值创造的重要途径。同时，人力资源管理系统本身也构成一个价值链。战略人力资源管理可以通过获取和保持最恰当的人力资源，实现人力资源管理的战略匹配，充分发挥员工能力及人力资源开发增值从而为组织创造价值。

六是知识性。知识性是指知识成为人力资源管理最重要的一个影响因素，知识型员工成为人力资源管理的重要对象，知识管理成为人力资源管理重要的工作内容。知识型员工具有独立性、自主性、高创造性和高流动性等特征，这给人力资源管理带来了新的问题。组织必须加强授权赋能与人才风险管理，必须关注员工的成长与成就需求。人力资源管理模式也必须随之改变，要根据员工个性化的需求实行柔性化管理。

第二章 人力资源规划

第一节 人力资源规划基础

一、人力资源规划的定义

人力资源规划（Human Resource Plan，HRP）也叫人力资源计划。

广义的人力资源规划着重从战略层面考虑其对企业战略目标的支撑作用，即根据企业内外部环境和条件的变化，分析企业未来人力资源的需求和供给状况，运用科学的方法对人力资源的获取、配置、使用、保护等各个环节进行职能性策划，以确保组织在需要的时间和需要的岗位上获得各种必需的人力资源。狭义的人力资源规划是指对企业未来可能面临的人员的需求和供给变动做出预测，并据此储备或减少相应的人力资源，从而实现企业人力资源的供需平衡。

二、人力资源规划的主要内容

广义的人力资源规划包括人力资源战略发展规划、组织人事规划、教育培训计划、人力资源管理制度建设、人力资源开发规划、人力资源系统调整发展规划；狭义的人力资源规划包括人员配备计划、人员补充计划、人员晋升计划。严格来说，这些计划并不是绝对独立存在的。比如，制订一个合理的人员配置计划需要结合补充和晋升两个计划。

从上述内容来看，人力资源规划作为人力资源管理的重要起点，对整个人力资源管理实施的有效性及企业发展的持续性都发挥着重要的作用。人力资源规划的主要类型、核心内容及重要功能如表 2-1 所示。

表 2-1 人力资源规划的类型、内容及功能

主要类型	核心内容	重要功能
人力资源战略发展规划	根据企业文化、基本发展策略、用人理念等建立，是以下所有工作计划的准则	实现企业战略和人力资源的有效衔接，通过人力资源规划技术的创新，提高人力资源规划的有效性和可操作性
教育培训计划	科学选择培训对象、内容、方法、培训目标、经费预算、考核方式，并制定激励方式	使人力资源管理具有前瞻性和战略性，满足企业高速成长和未来可持续发展的需要
人员配备计划	以人尽其才、企业与员工双向需求满足为出发点，设计人员调配方案	为合适的人才选择适合的岗位，促使企业对人力资本进行优先投资和开发，基于企业战略进行人才储备
人员补充计划	制定或运用测评和选拔机制，基于岗位需求分析和现有人员质量调查制定选拔、激励、培训开发机制	挖掘人才，建立更合理的人才梯队，以提高企业的核心竞争力
人员晋升计划	为企业保留优秀人才，对管理或骨干技术人员采取的选拔、培养、辅导及淘汰等计划	培养和激励潜在人才，保留关键核心人才，提高人力资源规划的激励

三、人力资源规划的注意事项

企业在制订人力资源规划时应注意以下四个要点：

第一，人力资源规划要与企业战略目标相匹配，以促进企业长远发展。

第二，人力资源管理规划应与人力资源管理相协调。作为人力资源管理全过程的重要组成部分和前提条件，规划应与管理的其他部分相辅相成、互为补充。

第三，人力资源管理规划需要准确预测企业未来人力资源的供需状况。

第四，人力资源管理规划要能保证企业和员工的利益，为企业储备人才。规划要从企业全局利益出发，但也需要员工的认可，要兼顾企业与员工双方的共同需求。

四、人力资源环境分析

人力资源规划的目的在于满足企业发展战略的需求，而企业发展战略的制定要受到企

业内外部环境的影响和制约。为了明确企业的优势与劣势、面临的机遇与挑战，应当对企业的战略环境进行分析，进而制订人力资源规划。

（一）外部环境分析

1. 政治和法律环境

一方面，企业要考虑其所处地区的经济和社会发展是否稳定，当地政府对经济发展的总体布局与规划，产业发展的重点导向与优惠政策；另一方面，企业需要严格遵守法律法规，如《公司法》《合同法》《劳动合同法》等规定，使企业不仅能够合法地长久经营，还有利于企业内部劳资关系的和谐发展。

2. 经济环境

企业应根据当地的经济发展水平和消费能力，合理确定企业的发展规模；根据通货膨胀率及当地的工资收入水平制定员工的薪酬等级，确保企业实现利润最大化。

3. 社会和文化环境

企业应了解当地的教育水平、人口结构（家庭、年龄、性别）、生活方式和习惯、价值观念、宗教信仰等，这有利于企业快速融入当地环境，同时也有利于企业确定员工招聘的类型。

4. 科学技术环境

技术变革使得企业某些岗位的员工需要不断学习新知识与新技能，因此，企业需考虑到某些业务和岗位对技术的需求。同时，企业还应当评估或了解当地的科研能力，如政府的研发支出（R&D 经费支出）、高校数量、重点研究领域等，以及新技术的引进与使用，为企业人才的引进与技术的革新提供参考。

5. 劳动力市场环境

企业应根据自身发展规模确定一定时期内其对外部劳动力需求的种类和数量，综合劳动力市场中劳动力参与率、男女性别比例、劳动力平均年龄、就业意愿、工作技能与经验等因素，制订人力资源规划。

6. 行业、区域环境

对那些发展潜力较大、发展前景较好的企业，应注重人才的引进与激励；相反，对于发展潜力与发展前景都具有一定局限性的企业来说，应当注重经营结构的调整与内部人员的合理开发和利用。

（二）内部环境分析

1. 企业内部经营状况

企业需要考虑自身的资金实力、技术研发能力与组织结构、经营战略是否适应企业目前发展的需要。一般认为，资产负债率应保持在 50% 左右，速动比率的合理比率为 1：1。企业的组织结构是否满足企业长远发展的需要，企业产品研发能力及机器设备购买能力，这些因素决定了企业的整体竞争实力。

2. 企业内部人力资源情况

企业应当了解任职者与职位要求之间的能力差距，无论该任职者是管理者还是基层员工。加强对内部员工的开发培训，通过人员调动，实现人才优化，从而为企业外部招聘及企业培训体系开发指明方向。

（三）新时代的机遇与挑战

新的时代背景对人力资源管理提出了新的要求，从国内外人力资源发展环境来看，新时代下人力资源发展趋势如下：

第一，以数字化和社交媒体作为工具进行人力资源管理。数字和社交媒体工具正在改变人们寻找工作的方式，以及公司招聘、培训员工的方式。

第二，个性化的人才管理方式。制订评估方案是企业采取的最普遍的人才管理方式。例如，通用电气优先考虑工作绩效，并将培养重点放在具备"游戏改变者"特质的员工身上；联合利华每年将 15% 的员工列入其高潜力管理层名单等。

第三，科学的人才管理。例如，谷歌的 HR 团队创建自己的内部招聘机制，通过搜索社交网站 "working" 和其他网站，搜索员工在哪里工作，联系有前景的员工并与他们保持对话（有时长达数年），不断扩大候选人名单并进行严格筛选。这些通过 HR 精心挑选的内部招聘人员候选人占谷歌年招聘人数的一半左右。

第四，扩展新劳动力。如今，许多雇主完全或部分地围绕着一支由自由程序员、设计师或营销人员等组成的庞大的劳动力队伍来建立自己的企业。自由职业者社区网站使这些雇主能够招聘合适的自由职业者团队，享受自由职业者的声誉和工作成果，从而使人力资源民主化。

（四）SWOT 环境分析法

上面我们主要从"是什么"和"为什么"的角度解释了人力资源管理的环境都有哪些，下面介绍一个最常用的环境分析方法，即 SWOT 的优势、劣势、机会及威胁，通过对企业外部环境、内部环境、机遇与挑战进行分析，将各个因素按影响程度进行排序，并填写在图 2-1 各相应象限中，综合比较后，总结企业当下所处的位置及战略发展方向，从而为明确人力资源规划的方向奠定基础。

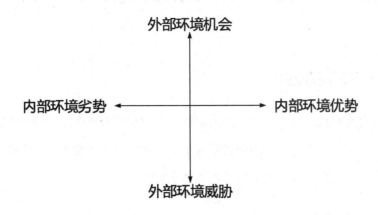

图 2-1 SWOT 环境分析法

作为人力资源部门的员工，请根据自己所在公司的性质分析企业发展的外部环境机会、同质行业威胁、企业内部核心竞争优势及企业内部存在的问题，绘制一张公司现阶段的 SWOT 分析图，通过优劣对比为所在公司设计一个短期人力资源规划蓝图。

五、人力资源战略

（一）人力资源战略的定义

广义的人力资源战略强调人力资源需要支撑组织的战略目标，从战略层面考虑人力资源战略规划的内容和作用；狭义的人力资源战略是指对员工的需求、供给情况做出预测，并据此储备或减少相应的人力资源存量。无论是广义的还是狭义的人力资源战略，都必须考虑企业内部优势和劣势、外部机会和威胁，从而保持企业竞争优势。

（二）人力资源战略的功能

人力资源战略是人力资源规划的核心，其功能主要有以下三个方面。

第一，将人力资源与企业战略目标进行有效衔接，发挥人力资源规划促使企业战略目标落地实施的作用。

第二，具有前瞻性的人力资源战略可以促进人力资本的投资和开发，为企业的成长和发展吸引人才，丰富人才储备。

第三，人力资源战略具有很强的可操作性，可以促进整体人力资源规划的有效实施。

第二节　人力资源规划的内容、具体方式与模式

一、人力资源规划的内容

完整的人力资源规划应对企业的人员数量、人员结构与人员素质进行规划，这三者是相辅相成的。其中，以人力资源结构规划为重点，它确定了企业的层级结构，而人力资源数量规划和素质规划是依据人力资源结构规划来制订。

（一）人力资源数量规划

企业人力资源规划工作就是通过预测企业未来的中长期经营情况、员工离职或退休率，预测企业未来对人力资源的需求量。人力资源部门需要明确企业当下有多少人，以及未来需要多少人，并根据预测结果确定编制人数。常见的人力资源数量分析方法主要有以下五种：

1. 工作效率法

工作效率法主要根据员工的平均产量、工作时间、出勤率等因素计算岗位人数，此种方法主要适用于制造类企业的一线工作人员，如流水线上的装配工人。岗位所需人数既可通过产量定额计算，也可通过时间定额计算。

（1）产量定额法

$$员工数量 = 年产量 \div （员工平均产量 \times 出勤率）　　　　（2-1）$$

假设某企业某种产品年产量为 2 610 万件，员工平均每天生产 200 件产品，员工平均每月出勤率为 21.75 天，则企业所需员工数量为

$$员工数量 = 26\ 100\ 000 \div （200 \times 21.75 \times 12） = 500 （人）$$

（2）时间定额法

员工数量＝（年产量 × 单位产品时间定额）÷（员工工作时间 × 出勤率）（2－2）

假设某企业生产某种产品年产量为 2 610 万件，员工平均每天生产 200 件产品，每天平均工作时间为 8 小时，员工平均每月出勤率为 21.75 天，则企业所需员工数量为：

员工数量＝（26 100 000×8）÷（21.75×8×12）＝500（人）

2. 业务分析法

业务分析法是企业能够直接影响员工数量的历史业务数据，如销售收入、税前利润、人工成本等，将其与员工数量进行回归分析，从而预测企业对员工的需求量。该方法需要企业保留真实的历史业务数据，以便利用统计方法进行回归预测。业务分析法需要具有延续性和稳定性的数据，一般适用于成熟的企业。

3. 预算控制法

预算控制法是通过设定人工成本预算范围来控制员工数量，而不对某部门某岗位在编人数做硬性规定。企业制定年度人力成本预算，并将预算分解到各职能部门，各部门在人力成本预算允许的范围内，由部门经理确定业务目标和岗位人数。企业资金有限，预算控制法使得企业对各部门人员的招聘都有严格的控制。中央企业所采用的工资总额法即为预算控制法的一种。此方法的使用前提为企业经营目标、利润及人力成本目标已经设定。

4. 行业比例法

行业比例法是指在同一行业中，可以根据企业某一类人员的数量与另一类人员数量的比例来确定岗位所需员工数量的方法。此方法主要用于测定辅助和支持性岗位的人员数量，如人力资源管理类和财务类人员的数量。使用此方法时必须满足以下三个条件：①在本行业中，由于专业化分工和协作的要求，两类人员数量之间存在一定的比例；②某一类人员的数量会随着另一类人员数量的变化而改变；③人员的行业比例数据具有较大的可获得性。但该法的使用具有局限性，需要考虑到企业是否存在分支机构、人力资源服务的精细化程度等。

5. 标杆分析法

标杆分析法是以外部优秀企业或内部优秀部门为标杆，结合企业的战略目标、业务量、效率等确定岗位人数。但标杆值的获取较为不易。

上述人力资源数量分析方法可用表 2-2 更直观地表示。

表 2-2　人力资源数量规划方法

人力资源规划	方法	适用条件	适用范围
数量规划	工作效率法（产量定额、时间定额）	已知员工平均产量、工作时间、出勤率	制造企业的一线工作人员
	业务分析法	存在直接影响员工数量的历史业务数据	成熟型企业
	预算控制法	企业经营目标、利润及人力成本目标已设定	中央企业
	行业比例法	两类人员数量之间存在一定比例；二者数量会相互影响；行业比例数据可获得	辅助和支持性岗位人员
	标杆分析法	标杆值易获取	企业或是部门

（二）人力资源结构规划

企业根据行业特点、自身发展规模及重点业务模式对企业内部的人员结构比例进行预测，如关键岗位人才所占比例、各层级职称人数。企业要想保证工作质量，需要各部门之间灵活配合，即需要打破部门的限制，按照业务运营要求对人力资源进行规划。通过确定各岗位在企业价值创造中的贡献和重要程度确定各岗位人数及薪酬水平。

1．工作功能分析

企业内部人员按工作职能可分为业务人员、技术人员、生产人员和管理人员。然后可就此探究影响人力资源结构的因素，如企业主要业务类型、企业在产品市场上的竞争力、企业对新技术新产品研发的需求、劳动力市场中的劳动力供给状况。

2．工作类别分析

企业内部人员按与业务增长量有无直接联系可分为直接人员和间接人员。在企业经营过程中，要防止间接人员数量过度膨胀。

（三）人力资源素质规划

企业基于自身发展战略及业务发展需要，对员工的岗位任职资格提出要求，如需要何种知识与经验、需要员工掌握哪些工作技能等。同时，也对员工的个人素质提出了要求，如具备何种个性或价值观的员工更适合企业发展，哪些员工的价值观与企业文化更加匹配。这为企业招聘与培训等业务的开展指明了方向，即员工素质和任职资格必须与企业经营现状相匹配，必须满足企业工作的要求，提高员工的适岗率。

二、人力资源规划的具体方式

（一）接替晋升计划

此计划根据企业的人员分布状况和层级结构，有计划地考查、提拔有能力的人，让其任职层级更高的岗位。这种内部晋升方式不仅使员工对企业产生较高的认同感和归属感，还使得管理者熟悉企业的业务操作与流程，避免业务衔接不畅。晋升规划一般由晋升比例、平均年资、晋升时间等指标予以量化。

（二）人员补充计划

当企业中出现职位空缺时，管理人首先考虑从企业内部现有人员中进行招聘。在企业内部，员工通过晋升从低职位层级向高职位层级流动。员工通过不断的层级流动，最终使得较低层级职位的员工发生短缺，这时企业可通过外部招聘考核的方式予以补充，填补职位空缺。

（三）素质提升计划

企业通过分析其在中长期发展过程中可能面临的岗位需求，对当下有潜力的员工有计划、有针对性地进行培养，以解决未来岗位空缺或是岗位任职要求较高的问题。

素质提升计划也为企业裁减冗余人员提供方案，让员工杜绝"铁饭碗"或终身雇佣的想法，使企业能够更加高效地运作。

三、人力资源规划的三大模式

（一）基于供需平衡的经典模式

企业基于员工供给和需求的平衡进行人力资源规划，重难点在于如何对员工的需求与供给进行有效预测。在企业实际运营中，针对人才过剩或是人才短缺所采取的措施便是基于供需平衡的思想。该模式适用于经营领域单一或是规模较小的企业。

（二）基于现状和理想状态的趋近模式

人力资源部门基于当前的战略发展目标，建立一套科学合理的人力资源评价体系，对企业目前的人力资源现状进行精准评估，并据此设定理想的人力资源战略目标；通过与现实中的人力资源情况进行对比，发现不足之处，并逐步改善。同时，人力资源部门要对人力资源规划的整个实施过程进行评价与控制，以确保企业及时发现问题并进行纠偏。该模式主要针对多元化的大型企业、国家或地区。

（三）基于企业核心竞争能力的规划模式

企业的核心竞争能力归根到底来源于企业核心人才的竞争。企业应当引进并培养与企业发展相匹配的核心人才，形成核心团队，同时，以核心人才带动企业所有人才向着更好的方向发展，增强企业的竞争能力。该模式适用于高速成长的企业，如创新型企业。

企业往往根据自身的发展水平和人力资源管理状况选择合适的人力资源规划模式。但是从趋势上看，越来越多的企业选择基于企业核心竞争能力的人力资源规划模式，以实现人力资源规划与企业发展战略的有效融合。

上述三种模式并不完全独立。在企业多元化发展的情况下，三种模式之间通常会取长补短、相互渗透，呈现"三足鼎立"的发展模式。

第三节　人力资源存量分析与供需预测

一、人力资源存量分析

人力资源存量是指企业人力资源的自然消耗（如自然减员）和自然流动引起的人力资源变动。人力资源存量分析是将经济学中的存量分析引入人力资源管理研究领域，通俗来说，就是计算特定时间、空间范围内的人力资源数量和质量，是现代人力资源规划的一个重要内容。从类型上看，人力资源存量分为外部人力资源存量和内部人力资源存量。

（一）外部人力资源

1. 外部人力资源数量

外部人力资源数量指的是构成劳动力人口的那部分人口，其计算方法为一个国家或者地区范围内适龄劳动人口总量减去其中丧失劳动能力的人口数量，再加上适龄劳动人口以外具有劳动能力的人口数量。

2. 外部人力资源质量

外部人力资源质量是指人力资源所具有的体质、智力、知识和技能水平，这是区别不同人力资源个体或总体的关键。其中，受教育水平和健康状况是影响人力资源质量的主要因素。

(二) 内部人力资源

1. 内部人力资源数量

内部人力资源数量的关注重点是分析企业现有的人力资源数量与企业各部门业务量之间是否相互匹配，也就是说，要考察企业现有的人力资源是否实现了最优配置。在进行内部数量统计时，常使用工作分析法、动作研究法、工作抽样法、绩效分析系统法、管理幅度和线性责任图法六种方法进行分析，具体操作方法如表2-3所示。

表2-3 内部人力资源调查方法

方法	具体内容	适用人群	公式/优劣对比
工作分析法	工作分析结果是编制工作描述和工作规范的原始数据来源，并以此计算完成工作需要的人员数量	适用于绝大多工作，具有普适性	所需人员＝每月总工作量所需时间÷（每人每日工作时间-休息时间）×每月工作日数 此方法的优点是具有很强的普适性，可以直接用来进行绝大部分的内部人力资源数量分析；其缺点是该方法以结果为唯一导向，具有一定的偏向性和不准确性，不能包含全部情况
动作研究法	在员工的工作地点实地测量员工完成某项工作所需要的时间	适用于制造业中重复性高且操作简单的事务性工作	此方法在实施过程中受员工个人技能水平及身体状况等不可预测因素的影响，测量误差较大且过程较为复杂
工作抽样法	在统计学概率原理基础上，采用随机抽样方式	适用于生产职位及重复性高的业务	先在一定时间范围内用数学计算方式随机选择一个部门，测算其实际工作时间在规定时间中的占比后，再使用得到的百分比推测人员利用的效果和使用情况

方法	具体内容	适用人群	公式/优劣对比
绩效分析系统法	需要在一段时间（通常设定为1～2个月）中记录每个员工的实际工作内容、工作时间及工作量	适用于重复性工作	得到某个工作在某一段时间内的完成数量，再与统计方法得到的标准进行对比，最终确定完成该项工作所需要的最佳人员数量，减少人员冗杂和缺岗
管理幅度法	通过明确每一位管理人员在最有效的范围内可以管理的下属人数，组织对于管理层级的政策越明确、上级支持度越高；下属能力越强时对应管理幅度越大	适用于企业内部存在明确的垂直性的组织层次	直线型管理层级层层递进，依次确定每一层次的管理幅度，确保管理的有效性，以得出各层次最优的管理人数，最后计算所需员工总数
线性责任图法	将组织内的全体人力资源和企业内所有的业务项目按照矩阵排列，并将每位员工在各项业务中所需承担的责任，记录在矩阵中	适用于业务与责任一一对应、区分明细的事务性工作	相比于传统的组织结构图或工作说明书，线性责任图在直观了解组织内的责任与权限关系上具有更强的竞争力，因此可以更精准地计算人员定额数量

2. 内部人力资源质量

内部人力资源质量主要通过人员素质分析测量方法体现。人员素质分析主要是指企业为了提高利润，实现全公司的高质量发展，对每位员工所具有的对企业生产力有直接显著影响且相对稳定的品质特征进行测量分析。最重要的步骤是对员工进行知识技能水平分析，如员工个人的学历和职称，以及企业专业技术人员比例和平均文化程度等。除此之外，还包含对员工心理健康进行测试和分析，以及对整个组织内部员工队伍的整体素质进行评价与分析（员工适职率是衡量企业员工素质高低的通用标准，通过适应职位素质要求员工数量与员工总人数之比得到）等分析方法。

二、人力资源供需预测技术

对劳动力进行人力资源供需预测及规划，明确公司需要填补哪些职位及如何填补这些职位，是公司整体职位规划及人员补充过程中必不可少的环节，也是为了找出并解决现有劳动力存量与预计劳动力需求量之间的差距和问题。在招聘和甄选之前，企业应对劳动力供需情况进行预测和规划。

（一）人力资源需求预测

人力资源需求预测是以本企业的终极战略目标及对该企业内外部条件环境进行分析为依据，通过运用适当的预测技术对公司内部人力资源需求的数量、质量及结构进行预测分析。内容上由现实人力资源需求预测、未来人力资源需求预测及未来流失人力资源预测三个部分组成。

企业内部对于该企业未来人力资源需求的预测是人力资源从业者进行人力资源预测的重点。预测首先要从实际情况出发，对企业所具备的内部条件和外部市场环境进行调研和考察，以服务企业战略发展目标为前提，通过科学可行的专业技术方法，对企业未来人力资源需求的数量、质量和结构进行全方位多层次的预测。

1. 定性分析方法

（1）经验预测法

管理者依靠个人的管理经验，人力资源从业者根据以往每一单位产量增量对劳动力的相应增量进行估算。该做法需要严格的前提条件，首要前提是需要假定企业对于劳动力的需求与某些因素的变化之间存在某种必然的关系。但是这种分析方法也有很大的弊端，因其准确性很大程度上取决于管理者的水平和个人经验，预测结果的准确性和客观性难以保证，因此一般只用于进行短期预测。

（2）微观集成法

微观集成法按照实现的方向分为"自上而下"和"自下而上"两种方式。"自上而下"方法是指由企业高层管理者根据企业发展情况对企业总体的用人需求进行预测，然后逐级下达至各职能部门，由各部门讨论和修改，汇总至企业高层管理者手中，再由高层管理者对总体需求进行修订，最后由高层管理者公布实施。

"自下而上"方法是指由各职能部门从业者根据本部门具体的业务情况对用人需求进行预测，然后各部门将所有的预测结果交由人力资源部门，由人力资源部门从业者统一汇总最后交至高层，高层管理者据此制定企业总体用人需求目标。

（3）岗位分析法

岗位分析法是指人力资源部门从业者需要根据岗位的工作内容和职责范围，假定企业内部所有员工均处于完全适岗的情况下，对其具体的工作量进行确定，并据此确定岗位人数需求。实施这种方法的基本条件在于需要企业先制定出科学合理且完备的岗位用人标准。

（4）德尔菲法

德尔菲法是指企业人力资源管理从业者通过邀请人力资源分析专家对企业的人力资源需求进行预测，采用匿名或者背靠背的方式独立做出判断，在反复的反馈和讨论中使意见逐渐趋同，最终结果需要包含对社会环境、企业战略和人员流动三大因素的综合分析数据。特别要说明的是，使用这种方法时，专家人数不宜过多，一般以 10～15 人为宜。

2. 定量分析方法

（1）回归分析法

在实际工作中，企业对劳动力的需求往往由多种因素构成，而且这些因素与劳动力需求量往往呈线性关系，因此，企业常采用多元回归分析方法对劳动力需求进行预测。公式如下：

$$Y = a_0 + a_1 X_1 + a_2 X_2 + a_3 X_3 + \cdots + a_n X_n \qquad (2-3)$$

式中，Y 代表企业整体人力资源需求量；X_i 代表第 i 种影响企业人力资源需求量的因素；a_i 为相关系数。

（2）生产函数模型

①固定投入比例生产函数

固定投入比例生产函数是指在每一个产量水平上任何一对要素投入量之间的比例都是固定的生产函数。

②固定替代比例生产函数

固定替代比例的生产函数表示在每一产量水平上，任何两种生产要素之间的替代比例都是固定的。

③柯布-道格拉斯生产函数

柯布-道格拉斯生产函数是由数学家柯布（C. W. Cobb）和经济学家道格拉斯（PaulH. Douglas）于 20 世纪 30 年代提出来的。柯布—道格拉斯生产函数被认为是一种很有用的生产函数，因为该函数以其简单的形式具备了经济学家所关心一些性质，它在经济理论的分析和应用中都具有一定意义。

（3）工作负荷分析法

工作负荷分析法多用于对人力资源需求数量的短期预测，主要通过企业的销售业绩预测该企业的总体工作量，再以预测出来的总体工作量为标准，制定相应的具体生产进程，最后通过综合数据分析确定人力资源需求量。

3. 人力资源需求预测步骤

企业根据自身实际经营情况，采用不同的人力资源需求预测方法，主要通过以下六个步骤对人力资源需求进行预测：

（1）根据工作分析确定职务设置和人员配置；

（2）盘点企业现存人力资源，统计缺编、超编及职务资格不符合情况；

（3）将统计结果与企业各部门管理者进行核对、修正，得出企业现存人力资源需求；

（4）理解企业发展规划和战略目标，在总目标的指引下具体确定各个职能部门未来人力资源变动情况的需求量；

（5）对预测期内可能存在的离退休人员进行精准的数量统计，根据历史数据推断企业未来可能存在的离职情况并进行汇总；

（6）将通过上述步骤得到的三类人力资源需求量综合起来进行汇总，以此作为依据，对企业的人力资源需求做出总体预测。

（二）人力资源供给预测

按照供给来源的不同，人力资源供给可大致分为外部供给和内部供给两个方面。人力资源供给预测是指人力资源从业者需要预测未来某一时期内，组织内部人力资源供应和外部劳动力市场提供的人力资源的数量、质量及结构的供给分析，以实现满足企业发展所需人员配置的目标。

人力资源供给预测的内容主要从企业内部人员的特征出发，对员工的年龄、级别、素质、资历、经历和技能进行全面的信息收集，并通过科学的技术手段对人员发展潜力、可晋升性等方面信息进行统计。在这个过程中，企业员工的技能档案是对企业进行人力资源供给预测的有效工具，它详细涵盖了每个员工的技能及知识、经验等方面的信息，通常源于工作分析、绩效评估报告及培训记录。

外部供给预测可参考国家或者所在省份每年公布的统计信息资料，预测某些特定种类人员的市场供给情况，以便灵活应对。如2020年中劳动力市场受疫情防控影响，多数地区和企业采取居家隔离措施，一季度求职人数较少，随着中国疫情防控取得较好成果，二季度后求职人数逐渐回升，导致上半年中国市场中劳动力供给端出现变动。企业内部人力资源供给预测主要是根据企业内部人员信息预测满足未来人事变动需求的劳动力供给状况。在预测方法上，德尔菲法同样可以运用于人力资源供给预测的实施中，具体操作方法与需求预测相同，这里不再赘述，只重点介绍另外三种供给预测方法。

1. 人才盘点法

人才盘点法是企业为精确掌握本企业内部现有人力资源的情况，通过对劳动力的数量、结构、素质及岗位和职能分布状态进行核查，了解企业自身的人力资源分布情况。该方法会受到企业规模的限制：企业规模较小时，盘点较容易开展；企业规模较大时，企业需要建立人力资源信息系统进行核查。

2. 替换单法

替换单法是指通过职位空缺来对劳动力需求量进行预测。职位空缺主要来源于员工离职、晋升、企业多元发展战略目标下的业务扩张等方面。企业在对所拥有的人力资源内在潜力、能力和分布状况充分了解，并且已知未来人员流失率与理想的人员分配状况的条件下，合理规划企业中的每个职位，尤其是管理层级人员的规划，同时基于需要补位的晋升数量及人员补充水平，做出人力资源供给预测。该方法早期多用于人力资源供给的预测之中，现在也很大程度上用于对人力资源的需求情况进行预测。然而，替换单法由于需要企业充分掌握人力资源资料及能够科学考察人员潜力，通用性差且精准度较低。

3. 目标规划法

目标规划法是一种将马尔柯夫分析模型与线性规划相结合的更为科学和综合的分析方法，旨在实现员工预定目标最大化条件下探讨人员分配问题。马尔柯夫模型是指通过对过去的人力资源变动规律进行分析，用于推测企业未来人力资源变动趋势。该模型有两个应用前提：一是假定后一时刻的员工状态只与当下员工状态相关，与曾经无关；二是假定模型稳定，不受任何外部因素影响。这种方法是最常用的内部人力资源供给预测方法。

在对预测方法进行比较时，通常应遵循四个准则，分别是：完备性、精确性、实施性及通用性。以人力资源供给预测为例，以德尔菲法和替换单法为代表的定性研究方法在预测中具有主观性和模糊性的特征，规划精准性较差，在完备性和通用性上也较缺乏；目标规划法虽能较为精确地为企业提供人员供给信息，但是模型复杂，限制条件较多，实施性较差；人才盘点法受企业规模的制约。

因此，在人力资源预测的实际应用中，人力资源从业者可以根据企业自身规模大小、内外部环境条件及人力资源规划预测的目标重点，综合衡量四个准则的使用权重，选出最适合企业的预测方法，也鼓励从业者将几种预测方式各取所长，组合使用。

第四节 人力资源规划实施方法与评价

一、人力资源规划实施方法

人力资源规划的内容主要包括规划内容、执行期限、执行人、执行对象、财务预算五个方面。

（一）实施者的确定

传统的人力资源工作如招聘、员工培训、绩效薪酬福利制定、关系管理等内容主要由人事部门负责，然而在现代企业，人事部门不应仅局限于日常的行政管理工作，还应将人力资源部门的人才管理工作与企业整体的发展战略目标进行有效的衔接，为企业内部人力资源的预测及外部劳动力人才的引进、开发、培养、激励等工作服务。人力资源规划的实施不仅是人力资源部门主管及人力资源从业者的责任，也是企业行政体系的各层级与各下属部门管理者的责任。

1. 高层管理者层面

企业高层管理者应对企业最终的发展战略和整体发展方向进行严格的把控与整体规划，使得人力资源部门明确人力资源工作的主要方向。

为了保证人力资源规划与企业战略目标可以进行有效的衔接，人力资源规划的制订必须由企业高层参与并决策，即企业高层应对人力资源规划的目标、方针、政策提出指导性意见。企业高层还要对已制订完成的人力资源规划进行审批，确保该规划符合企业战略发展的要求。

2. 部门管理者层面

企业副总裁等高层管理者需与各职能部门的管理者一起，针对人力资源规划的实施情况进行协调与监督，并对实施效果进行评估。一方面，各职能部门的管理者需要保证人力资源规划的有效实施；另一方面，他们也需要为人力资源规划的后续改进提出意见。

3. 人力资源管理部门层面

人力资源管理部门的全体成员既要参与企业制订整体人力资源规划的全过程，也要一并完成本部门人力资源规划的制订，同时发挥为其他各职能部门制订人力资源规划的指导或参谋作用。同时，人力资源管理部门应根据业务内容和流程，制定各类人才尤其是核心人才的人力资源规划方案，实现人才的跨部门流动，打破部门壁垒，打造专业的业务团队和核心的人才团队，提高企业的竞争力。此外，人力资源部门作为人力资源规划全过程的监督者，需要对企业整体人力资源规划的制订和实施及各部门人力资源规划的实施过程与实施效果进行监督，以便及时发现问题，予以调整。

对除人力资源部门以外的其他职能部门，应由部门经理根据本部门的业务情况及业务目标进行部门人力资源规划，人力资源部门应当予以指导与配合。现实中，许多业务部门经理是由基层员工层层选拔上来，对人力资源管理及规划缺乏系统的知识和经验。因此，人力资源部门应当先对其进行培训，然后再让其参与人力资源规划的制订。为了激励部门经理更加积极地制订本部门的人力资源规划，企业常常将其与部门经理的业绩挂钩。

（二）实施的原则

1. 战略导向原则

企业应当明确自身的中长期战略发展目标，并依据企业的战略目标制定人力资源规划目标及规划施行的具体行动方案，最终实现二者的有效衔接和贯彻执行。

2. 螺旋式上升原则

企业的人力资源规划并非一成不变，企业每年都应根据内外部竞争环境的变化及发展战略来对原有人力资源规划进行改进，使人力资源规划更加有效且适用。

3. 制度化原则

企业人力资源规划应以制度化形式呈现，使企业能够以更加系统化的视角对各层级、各部门的人力资源进行规划。

4. 关键人才优先规划原则

企业在建立人才梯队的同时，也应对企业中的核心人员或骨干人员优先进行规划，如对该类群体的培训、晋升、加薪、替补等进行设计，以保证此类人员的充足供给。

（三）实施的注意事项

1. 规划时间段

明确的期限是所有能够得以顺利实施的规划的重要组成部分。需要确定规划完成时间的长短，更甚者，需要具体列出该人力资源规划从何时开始，到何时结束。按照时间长短不同，可以分为长期人力资源规划和短期人力资源规划。长期人力资源规划可以长达5年以上；短期人力资源规划，如年度人力资源规划，则可能仅为1年。

2. 规划预期要实现的目标

正如前文中不断强调的，人力资源规划愿景目标需要与企业的终极战略目标紧密联系在一起，在规划要实现的目标时，应当逐条列举，简洁清晰，最好予以适度的量化。

3. 情景分析

企业应在获取充足信息的基础上，根据重点业务内容和发展现状预测接下来一段时间企业内部可能出现的人力资源供给与需求状况的改变，为进一步的人力资源规划的制定提供依据。

（四）人力资源管理信息系统

人力资源管理信息系统是指企业通过信息技术手段，运用电子信息技术对企业所有业务信息和全体员工信息进行整合。该系统可以很好地帮助人力资源部门实现数据集中管理、分析及数据共享，给人力资源管理的科学性和有效性提供数据支持，辅助企业高层管理者与人力资源管理者共同做出科学决策。

1. 人力资源管理信息系统的作用

一方面，人力资源管理信息系统将最大限度地帮助人力资源管理部门处理日常的事务性和重复性工作，如统计员工人数、年龄、学历、员工调动等，大大提高了人力资源部门的管理和工作效率；另一方面，该系统可以为人力资源规划的制订提供数据和信息支撑，并提供统计分析功能，为人力资源规划的制订提供参考。

2. 人力资源管理信息系统的内容

人力资源管理信息系统的内容主要包括基础信息管理、绩效管理、招聘管理、培训管理、薪酬管理、人力资源决策支持、员工自助以及系统管理和维护等模块。

人力资源管理信息系统可以为人力资源规划提供数据和信息，具体包括：

（1）企业战略、经营目标及常规经营计划信息。根据这些信息，可以确定人力资源战略规划的种类和框架。

（2）企业外部的人力资源供求信息及这些信息的影响因素。如外部劳动力市场上各类人员的供求状况及未来趋势、国家劳动政策法律法规的变化、国家的经济发展水平和产业政策导向等。

（3）企业现有的人力资源信息，例如员工数量、年龄、学历、工作技能、薪酬福利水平等。

人力资源管理信息系统应当做到及时进行更新与补充，这样才能为企业人力资源规划提供参考。此外，人力资源管理信息系统不应孤立运行，还要与企业的项目管理系统、财务管理系统相整合，实现数据的共享，这样才有利于企业做出正确的决策。同时，企业也应当对人力资源部门人员进行培训，使其灵活高效地运用人力资源管理信息系统。企业人力资源管理系统应当视企业规模、企业资金状况，决定是否采用及系统应用的程度。

二、人力资源规划的评价与控制

对人力资源规划进行全过程的评价与控制，不仅是对企业人力资源规划所涉及的内容及产生的效益进行综合评价，还要对人力资源规划所涉及的相关政策、具体措施及员工招聘、员工培训、企业绩效和薪酬福利的制定、员工绩效管理、企业内部员工关系管理等方面进行综合评价。企业应对人力资源规划进行定期和不定期评估。人力资源规划控制的目的在于确保人力资源规划的实施进程、实际效果与预期效果相同，当过程出现偏差时，要适时予以调整，确保人力资源规划内容与企业战略目标的有效衔接，有利于实现企业人才的引进、开发与合理利用。

（一）人力资源规划评价与控制的过程

第一，企业实施人力资源规划后预期能够实现的效益，该效益常用劳动生产率、员工素质、员工流失率等进行衡量。

第二，对企业规划实施后产生的实际效益进行衡量。

第三，将实际效益与预期效益进行比较，发现二者之间的差距及方向。

第四，通过组织管理人员、专家对人力资源规划进行修正，缩小实际效益与预期效益之间的差距，使人力资源规划更好地为企业战略服务。

（二）人力资源规划评价的内容

1. 对规划的基础层面进行评价

（1）人力资源规划在制订时是否对企业内外部环境进行客观全面的分析，是否与企业的中长期发展战略相衔接，是否能够提高企业的竞争力。

（2）人力资源规划内容是否经过管理者充分的考虑与琢磨，是否合理恰当。

（3）人力资源规划的资金保证是否得到各部门、各员工的认可。

（4）人力资源规划是否与企业现有文化、组织结构相冲突。

2. 对规划的实施层面进行评价

（1）企业各职能部门是否按照人力资源规划的要求执行，实际效果如何，成本消耗如何。

（2）企业是否避免职位空缺现象，是否形成了专业人才团队，业务运作是否较以往有了较大改善，员工的工作积极性是否有所提升。

（3）人力资源规划在执行过程中将会遇到的问题，需要从哪几个方面对规划进行改进。

（4）企业员工、管理者对人力资源规划的参与和重视程度如何，是否需要对管理者进行培训。

（5）当实际效果与预期效果之间的差距超出合理范围时，如何对其进行调整。

3. 对规划的技术手段层面进行评价

（1）企业如何确定实际效果与预期效果之间的合理差距范围。

（2）企业如何有效运用人力资源管理信息系统。

（三）人力资源规划评价和控制的方法

1. 专业控制法

在人力资源规划的具体实施过程中，只能由人力资源部门对现行的规划提出意见，并及时修正。若企业高层管理者发现规划实施过程中出现的问题，应及时反馈，并提出改进意见。

2. 关键指标法

企业对规划实施的关键环节、人员、岗位、部门和资源进行控制。例如，企业使用雇员能力评估和开发、员工职业生涯规划、工作环境、薪酬福利等能够量化组织绩效的指标，对人力资源规划的实施情况进行评估。

3. 投入产出分析法

企业根据人力资源规划的成本与产出效益之比对人力资源规划的实施情况进行评估，但是在实际运用过程中，产出效益尤其是无形收益难以衡量。

4. 指数控制法

"人力资源指数问卷"是一种自下而上的组织气氛调查。它通过对15项员工人力资源工作的满意度进行测量，获得对企业人力资源管理绩效和整个组织环境气氛状况的评价。人力资源指数的15项要素包括薪酬制度、信息沟通、组织效率、关心员工、组织目标、合作、内在满意度、组织结构、人际关系、环境、员工参与、工作群体、基层管理、群体协作、管理质量。

尽管人力资源规划评估和控制对人力资源规划的实施具有保障和修正作用，但是如果企业过于强调人力资源规划和评估，忽视实施过程，会使企业只着眼于眼前的利益而忽视长远的利益，部门只注重自身的发展而忽略企业整体的发展。因此，采取恰当的、适度的人力资源规划评估和控制对企业来说至关重要。

第三章　工作分析

 第一节　工作分析基础

一、工作分析的含义

工作分析又称为岗位分析，即用科学的方法把收集到的与工作岗位有关的信息进行分析和整合，包括该岗位的基本状况、相应的资格要求等，并依此制定工作说明书来使其他人了解该工作岗位的过程。

进行工作分析活动，主要是为了解决下述两个问题：第一，该岗位是做什么的；第二，该岗位需要具有什么资格的人来做最合适。

二、工作分析的原则

（一）系统性原则

系统是由多个要素组成的，这些要素之间既有差异又有联系。每个组织均可视为一个相对独立的系统。我们在进行工作分析时要坚持系统性原则，不仅要考量某岗位和其他岗位间的关系，还要考虑这一职位在组织中的地位，最终从整体上对这一岗位进行分析。

（二）标准化原则

标准化可体现为通用性、简洁性、统一性等形式。工作分析需要遵循标准化原则，以保证工作分析的规范化，提高工作分析的实用性和科学性。在工作分析过程中，标准化体现为所使用术语、内容、方法、程序、指标等的标准化，同时也包括工作分析的输出成果，如岗位说明书等文件的标准化。

（三）优化原则

优化，即在既定的目标下寻求最佳的解决方案。优化原则体现在工作分析的整个流程上，也体现在工作分析的应用方法中。

（四）应用性原则

工作分析是基于企业或组织的现实情况开展的一项工作，其结果是公司或组织进行其他各项管理活动的基础，如招聘、选拔，对员工进行培训，员工的绩效考核及薪酬管理等都需要参考工作分析的结果进行操作，故应提高工作分析研究结果的应用性。

（五）岗位原则

进行工作分析时，应该从职位本身出发，对该职位的工作内容、工作性质、关系及该职位的任职资格等进行分析，要注意：不是分析该职位的工作人员，而是分析职位本身。

（六）动态性原则

工作分析是一项常规性的工作，需要定期进行修订，即根据企业或组织环境的变化、战略意图、业务内容的变化等进行及时的调整。

三、工作分析的作用

工作分析在人力资源管理的体系中属于一项最基本的工作，是进行招聘选拔、员工培训、员工绩效考核及人力资源规划设计等其他工作的基础。通过工作分析，可以明确工作岗位的职责，使工作流程更加清晰，减少推诿扯皮现象的发生，避免重复性的工作，此外还提升了工作效率。工作分析作为人力资源管理的基础环节，在以下六个方面发挥着重要的作用。

（一）人力资源规划方面

企业或组织在做人力资源规划时，需要了解各部门的人员编制情况，方便进行供给、需求的预测，而工作分析的结果可以为人力资源规划提供有效的信息，如近几年人力需求的变化、人员部门结构的变化、人员增减的趋势等，也可以通过工作分析的结果将相近的工作进行合并，合理安排各岗位的员工，提高人力资源规划的质量。

（二）招聘、甄选方面

员工是企业的核心资源，员工招聘、甄选的有效进行离不开工作分析的帮助。员工招聘前，需要清楚企业或组织中的空缺职位，空缺职位的工作职责、工作内容及岗位员工应具备的能力资格要求等。工作分析形成的工作说明书正好对上述招聘时需要了解的内容都做了详细的介绍，为招聘、甄选提供了客观依据。

（三）培训方面

员工培训是人力资源开发的重要手段，为了更高效地工作，企业会对员工进行培训，但由于培训往往缺乏针对性，导致培训效果不佳。工作分析的结果明确了各岗位员工应具备的工作能力、技能、素质及资格要求等，更方便相关部门制订培训计划，也为培训内容提供了参考。工作说明书中对各职位胜任员工应具备的各项能力要求也可以作为检验培训效果的指标或标准。

（四）绩效管理方面

绩效考核与员工的晋升密切相关，制定科学合理的绩效指标尤为重要。工作分析的结果明确了不同岗位的员工应该做什么、不应该做什么，并对完成各项工作应达到的标准等做了详细的说明，这些都为员工绩效考核指标提供了标准和依据，减少了主观因素的影响，也减少了不必要的冲突，使考核更公平、公正，不会挫伤员工的积极性。

（五）薪酬管理方面

工作分析有助于制定公平合理的薪酬政策，薪酬的多少应与员工为企业或组织带来的效益成正比。工作分析的结果描述了各岗位的性质、应承担的责任、工作负荷的大小、操作的难易程度及工作环境的优劣等，这些特征将各岗位区分开来，有利于明确各岗位的价值，为薪酬的发放提供了参考，增加了内部公平性，有利于保证同工同酬。

（六）管理关系方面

工作分析明确了各职位在企业或组织中的位置，明确了上级和下级的隶属关系及工作流程，有效避免出现一位员工对应多位直接领导的情况，也有效地避免了因工作职责不清晰而导致部分工作无人做、部分工作重复做的情况发生。

此外，工作分析在优化组织结构与配置、员工未来职业发展规划等方面都发挥了非常重要的作用。总的来说，工作分析是企业提高工作效率的客观需要，这项基础工作务必做好、做细致。

四、工作分析的内容

工作分析的大概内容可总结为 6W1H，6W 是指做什么、为什么做、用谁、何时、在哪里、为谁，1H 是指如何做。

（一）做什么（What）

做什么主要是指岗位任职者所从事的工作活动。

具体内容包括：第一，岗位任职者需要完成的工作内容是什么？第二，岗位任职者完成工作内容要输出什么样的结果或产品？第三，岗位任职者输出的工作结果或产品需要达到什么样的标准？

（二）为什么做（Why）

为什么做主要是指岗位任职者的工作目的，或该岗位存在的价值。内容包括：第一，岗位任职者从事这项工作的目的是什么？第二，这项工作与组织中其他的工作具有什么样的联系？对其他工作有什么影响？

（三）用谁（Who）

用谁是说谁来做这项工作，是指对从事该岗位的人的要求。其内容主要包括：第一，岗位任职者应具备什么样的身体素质？第二，岗位任职者必须具备哪些技能和知识？第三，岗位任职者至少拥有什么样的经验？第四，岗位任职者应具备的最低学历要求？第五，岗位任职者至少应接受过的培训？第六，岗位任职者在个性特征上应具备哪些特点？第七，岗位任职者在其他方面应具备什么样的条件？

（四）何时（When）

何时是对岗位任职者工作时间的界定，即在什么时间工作。其内容主要包括：第一，哪些工作活动是每天都必须做的？第二，哪些工作活动是固定时间做？什么时候？需要多长时间？第三，哪些工作活动是在每周必须做？什么时候？需要多长时间？第四，哪些工作活动是在每年必须做？什么时候？需要多长时间？第五，哪些工作活动是在每月必须做？什么时候？需要多长时间？

（五）在哪里（Where）

在哪里是指岗位任职者工作时所处的环境。其内容主要包括：第一，工作所处的自然环境，具体包括地点（室内和户外）、光线、噪声、温度、安全条件、危害等。第二，工作面临的社会环境，具体是指工作所处的文化环境、工作群体中的人数、完成工作所需要的人际交往的数量和程度、环境的稳定性等。

（六）为谁（for Whom）

为谁是指工作活动中会与哪些人发生关系及发生什么样的关系。其内容主要包括：第一，工作中常常和哪些部门或哪些人打交道？第二，工作中要向谁请示或汇报？第三，工作中向谁提供信息或工作结果？第四，工作中可以指挥或监控哪些人？

（七）如何做（How）

如何做是指岗位任职者应该如何从事工作活动以获得预期的结果。其内容主要包括：第一，完成工作活动的流程是怎样的？第二，哪些工具？第三，操作的机器设备有哪些？第四，涉及的文件和记录有哪些？第五，重点的和关键的环节有哪些？

五、工作分析的主要方法

（一）观察法

观察法是指工作分析人员直接深入到各个职位的工作活动现场，在不影响被观察者正常工作的情况下，观察各岗位人员的工作活动，并收集与各岗位工作内容、工作程序、工作环境、使用设备情况等相关的信息，然后用文字或表格的形式将收集到的信息进行整理、分析、总结的过程。

1. 观察法的类别

由于各岗位在工作性质、工作周期等方面存在差异，我们可以把观察法进行详细的划分，分为以下三种：直接观察法、阶段观察法及工作表演法等（详见表3-1）。

表 3-1　观察法的类别

类别	含义
直接观察法	直接观察法是指工作分析人员直接对员工工作的全过程进行观察。直接观察法适用于工作周期比较短的岗位，如门卫工作，他们每天的工作内容几乎是一样的，工作分析人员可以一整天跟随门卫来直接对他们的工作进行观察
阶段观察法	阶段性观察法是指为了更全面地观察岗位的工作活动，需要分阶段进行。阶段观察法适用于工作周期较长的岗位，如行政后勤人员，因为他们需要在年终时筹备企业的年终总结大会，所以职位分析人员除了对岗位的日常工作活动进行观察外，还需要在年终时进行再次观察
工作表演法	工作表演法与阶段观察法一样适用于工作周期较长的岗位，不同的是，工作表演法多适用于突发事件较多的岗位。如保安工作，他们除了正常的工作内容，还可能会遇到盘问可疑人员等突发事件。针对这种情况，工作分析人员可以通过让保安人员模拟人员盘问的过程来对此类事件进行观察

2. 观察法的注意事项

观察法的注意事项如下：

第一，观察前要制定好观察提纲，方便统计整理。

第二，所选取的工作行为样本应具有代表性，且被观察者的数量不宜过少。

第三，观察时尽量不要引起被观察者的注意，不要干扰到他们的正常工作。

第四，观察时要注意思考，尽量减少主观判断。

第五，记录的信息应反映工作内容，避免机械记录。

第六，观察法适用于标准化、周期较短、以体力活动为主的工作。

3. 观察法的优缺点

（1）优点

使用观察法进行工作分析，操作简单、方便易行，不仅可以全面深入地了解工作活动的内容，收集第一手资料，还能带给工作分析人员最直观真实的感受，使获得的信息比较准确。实地进行观察时，还可以借助摄像机、录音机等记录设备，提高观察的准确度。

（2）缺点

观察法的适用范围有限，既不适用于对任职者心理素质方面的分析，也不适用于分析工作周期较长、脑力活动较多的工作。观察法对获取岗位任职者资格要求方面的信息比较困难，但可以结合访谈法进行补充。此外，观察法可能对员工产生一定的影响，如比较紧张没有正常发挥或想表现自己而超常发挥等，这些都会影响结果的客观性和可信度。

（二）工作日志法

工作日志法又称作工作写实法，是由岗位任职者按照时间顺序，采用写工作日记或者笔记的方法来记录自己在一段时间内和工作活动有关的信息，如工作的内容、时间、职责、人际关系、工作量、感受等，整理后可获得有关岗位工作活动资料的方法。在实际操作中，工作日志法经常和其他方法结合使用，如访谈法等。

1. 工作日志法的注意事项

第一，工作日志法属于岗位任职者的自身观察。实际操作前，职位分析人员应和工作日志填写者进行沟通交流或进行培训。

第二，工作日志的格式应提前制作好，方便后期的信息整理。

第三，对组织中的核心岗位不宜采用该办法。

第四，工作日志的内容必须展示出全面的信息。

2. 工作日志法的优缺点

（1）优点

工作日志法需要任职者自己来记录，这样能够搜集到部分工作分析人员难以观察到的信息。尤其对于专业性要求较高的岗位，由于工作分析人员的专业能力有限，故任职者自己记录的信息会更加精准。此外，对于较复杂、高水平的工作来说，采用此办法比较经济有效。

（2）缺点

岗位任职者自己记录的侧重点可能和工作分析人员有差异，该办法对任职者的要求较高。工作日志法需要任职者每天进行记录，时间长了，员工可能会厌倦甚至敷衍，导致记录不完整。此外，在记录的过程中，员工可能会美化或者夸大自己的工作成果。

（三）访谈法

访谈法又称面谈法，是指工作分析人员依照事先制作好的访谈提纲，与被访谈者进行面对面的交流，从而获取与该职位相关信息的一种方法。被访谈者可以是该职位的任职者、任职者的下属或与这一岗位联系密切的工作人员等。

1. 访谈法的形式

根据访谈的人数，访谈法可分为三种形式，分别是个人访谈、集体访谈、主管人员访谈。如有必要，可以将这三种访谈形式综合起来使用，以输出更好的工作分析结果。对上述三种访谈形式的介绍详见表3-2。

表3-2 访谈法的形式

类别	含义
个人访谈	个人访谈是指对每位任职者进行的访谈。个人访谈适用于工作活动差异较大的岗位及工作分析时间较富裕的情况
集体访谈	集体访谈是指同时对多位任职者进行面对面的询问。这种访谈形式不仅节约时间，而且成本较低，适用于岗位性质相近的情况
主管人员访谈	主管人员访谈是指与某一岗位的直接上级领导进行面对面的交流从而获取工作分析所需要的信息。一般主管人员对岗位工作活动的内容了解得比较详细全面，所以同主管人员进行访谈会节约时间，同时也方便沟通和解决疑惑

2. 访谈法的注意事项

第一，无论是个人访谈还是集体访谈，访谈前务必告知访谈对象此次访谈的目的，使其知晓该访谈的意义，保证访谈内容的客观性、准确性。

第二，为保证访谈工作的顺利进行，一定要事先根据工作分析的要求和目的及访谈对象的特点等准备好访谈提纲。

第三，选择进行访谈的时间时，应做到尽量不影响到被访谈者的正常工作。此外，访谈时间不宜过短或过长。

第四，在访谈的过程中，访谈人员要尽可能营造出较为舒适的氛围，方便被访谈者畅所欲言。

第五，访谈时，访谈人员不可干扰被访者的思考，不可引导访谈对象的观点。

第六，访谈结束后，最好与访谈对象的直接领导人进行面谈，这样方便核查被访谈者提供的信息。

3. 访谈法的优缺点

（1）优点

访谈法简单易行，面对面的交流不仅便于引导被访谈者，还方便对访谈对象进行追问，这样可以获得更多更准确的信息。此外，进行访谈还可唤起任职者的职责意识、规范工作行为等。

（2）缺点

访谈者的专业能力直接影响访谈的效果，故访谈法对访谈者的要求较高，一般选取受过专业培训的工作分析人员。此外，如果受访者不信任访谈者，会降低所收集到的工作信息的可信度。根据实际情况，访谈法可以和其他方法一起使用。

4. 访谈法的应用

访谈的实施可以分为访谈前、访谈时、访谈后三个阶段。

（1）访谈前

在访谈开始前，需要对访谈者进行专门的培训，使他们充分了解访谈的意义，熟练应用访谈技巧，掌握观察和记录的技术，熟悉访谈提纲和对应岗位的基本信息等。

访谈前务必提前做好相应的准备工作，如确定被访谈者等，同时还要确保选取的被访谈者具有一定的代表性，数量合适。我们一般采用结构式访谈，需要准备好访谈提纲，问题的设置应尽可能涵盖所有的工作要素。此外，为了访谈的顺利进行，需要提前和访谈对象进行沟通交流，使对方了解访谈的意义。访谈过程需要进行记录，常见的有笔记和录音两种方式。访谈者一定要事先询问访谈对象的意见，做好思想工作，交代清楚记录的用途及是否会对他们造成影响，并承诺记录内容的保密性。

（2）访谈时

在正式访谈开始前，访谈者应尽可能营造舒适的访谈氛围，消除被访谈者的不自然感。例如可先聊一些受访者感兴趣的话题，然后逐步将话题引导到具体的访谈内容上。在访谈过程中，访谈者应有意识地控制访谈进程，注意表述问题的方式、态度、语气、表情等。访谈时一定不要只专注于记录而忽视了被访谈者的存在，而要时不时地进行眼神交流，给对方足够的尊重。

进入正式访谈后，应注意提问的内容与方式。首先，提问的内容要与工作活动相关，为工作分析的目的服务，勿涉及访谈对象的个人隐私；其次，提问的方式要做到含义准确、表述清楚，尽量避免使用生僻的专业术语。访谈者应对所有问题保持中立的态度，不可引导被访谈者的观点，更不能与访谈对象进行争论，若其回答不准确或不完整，访谈者可进行追问，但不可进行主观性的理解。

（3）访谈后

访谈后的主要工作就是对访谈过程中记录的内容进行整理，如果访谈时未进行记录，则需要在访谈结束后让工作分析人员进行快速回忆，形成文字资料，最后将整理好的记录根据工作分析的要求和目的进行系统分析。如有必要，可与被访谈人员的主管进行面谈，以核实所记录信息的真实性。

（四）问卷调查法

问卷调查法是由工作分析人员依照工作分析的目的设计一套岗位调查问卷，分发给已选定的被调查者进行填写，然后将问卷进行汇总，最后梳理出具有代表性的回答，从而获取与职位有关信息的方法。问卷调查表应包含岗位的工作任务、工作责任、工作环境、劳动强度及任职者必备的知识技能等相关信息。

1. 问卷调查表的类别

根据所设计问卷的题目类型，问卷调查表可分为开放型、封闭型和混合型三种。

（1）开放型问卷。开放型问卷是指设计的问卷问题均为主观题目，只有问题没有备选选项，由被调查者根据自己的想法自由填写。此类问卷收集到的信息比较全面，同时也会收集到一些无效信息，缺点是整理汇总较难。

（2）封闭型问卷。封闭型问卷是指工作分析人员设计的问卷题目均有备选答案，被调查者直接选择答案即可。此类型问卷方便对结果进行整理分析，但设计问卷的过程耗时较长，且不宜获取全面的信息。

（3）混合型问卷。混合型问卷是指工作分析人员设计的问卷题目既有主观题也有客观题，是开放型问卷和混合型问卷的有机结合。此类问卷收集到的信息比较全面完整。

2. 问卷调查法的注意事项

第一，调查问卷应根据组织的实际情况，设计具有可操作性的问卷，不可照搬其他问卷。

第二，被调查的员工应独立完成问卷的填写。

第三，问卷设计的问题应准确，语言通俗易懂、简短简洁，切忌模棱两可、暗含诱导性或使用生僻的专业词汇。

第四，备选答案选项的设置应穷尽，且各选项间具有互斥性，对于询问程度类的问题，答案的设置应做到各选项均衡。

第五，注意设置问题的顺序，先易后难，先宽泛后一般，开放性的问题尽量放到问卷的最后。

第六，根据问题的性质合理选择问卷的类型。

3. 问卷调查法的优缺点

（1）优点

问卷调查法适用范围广、花费时间少、成本低且简单易行。与其他方法相比，问卷调查法的设计标准统一，可借助计算机对结果进行处理，方便进行定量分析。

（2）缺点

问卷调查法对问卷设计者的要求较高，需要被调查者积极配合。该方法属于单向交流，不利于获得准确信息。此外，开放性问题的回答效果不是很好。考虑到被调查者的耐心，问卷问题的数量不宜设置过多，此方法不能获得足够详细的信息。

（五）实践法

实践法是指工作分析人员直接参与到某一岗位的工作中，通过切身体验来深入了解岗位的信息和特点等，以达到工作分析目的的方法。

1. 实践法的注意事项

第一，实践法适用于工作周期较短且对专业性要求不高的岗位。

第二，实践法与观察法不同，实践法是亲自到岗位体验工作而不是观察他人工作。

2. 实践法的优缺点

（1）优点

实践法可以准确了解工作的内容、程序、工作环境等，容易获得第一手资料，且得到的数据比较可靠。

（2）缺点

该方法的应用范围有局限性，适用于操作简单、无伤害的工作。

（七）总结

上述五种方法为工作分析的常用方法，其优缺点比较如表3-3所示。

表3-3 常用工作分析方法优缺点比较

工作分析方法	优点	缺点
观察法	操作方便，简单易行，可收集到第一手资料，获得的信息比较准确	观察时可能会干扰到工作者的正常工作活动
工作日志法	任职者自己记录的信息会更加精准，该办法经济有效	对任职者的要求较高，记录时员工可能会美化或夸大其工作成果
访谈法	简单易行，面对面的交流便于引导被访谈者且易进行追问，可以获得更多更准确的信息	对访谈者的要求较高。若受访者不信任访谈者，会导致收集的信息可信度低

工作分析方法	优点	缺点
问卷调查法	花费时间少、成本低且简单易行，还可借助计算机对结果进行处理，方便进行定量分析	对问卷的设计要求高，需要调查对象的配合，否则不利于获得准确的信息
实践法	可以准确了解工作内容等，容易获得第一手资料，得到的数据较可靠	该方法的应用范围有局限，只适用于操作简单、无伤害的工作

 第二节　工作设计与岗位分类

一、工作设计

工作设计是通过分析达到人、岗位、环境的匹配。工作分析提供了关于工作岗位的责任、所需资格、所处环境等信息，分析是设计的基础，员工从事该工作是否感到满意、能否从工作中获得快乐和提高绩效，就涉及工作设计。

（一）工作设计的内容

1. 工作内容

工作内容设计包括工作类型、自由度、难易程度及完整度。

2. 工作职责

工作职责设计包括：员工承担责任大小及影响程度；工作权限与责任相匹配，责任越小权力范围越窄；工作方法灵活多样，与工作对象有关，根据实际情况进行设计；组织各部分必须相互协作，沟通设计必不可少。

3. 工作联系

工作联系主要是指工作中与其他成员的联系，主要是领导、同事、下属的联系，其他部门或群体的联系，包括企业内部的各种协作监督关系。

4. 工作结果及反馈

工作结果主要是指工作的绩效结果，可以从数量、质量等方面进行衡量，也包括组织根据绩效结果对任职者的奖惩情况进行设计。

工作反馈包括任职者通过工作结果体验到的成果，以及从上下级那里得到的反馈意见，这些对员工都具有激励和引导作用。

5. 任职者的反应

任职者的反应主要包括满意度、离职率、缺勤率，体现在任职者的态度上。

（二）工作设计的方法

1. 工作轮换法

工作轮换就是将员工轮换到水平相等、技术相近的岗位。由于分工细化，工作效率会下降，通过工作岗位的调动可以提高员工工作的积极性。工作轮换法也有利于综合性人才的培养，员工可以积累更多的工作经验，不断学习协调关系，以便更好地和不同的同事沟通协调，提高沟通能力，为未来职业晋升做好准备。需要注意的是，不是所有的员工都愿意去尝试，有些员工更愿意专注于某一专业领域，所以要尊重员工个人意愿，不能强迫。

2. 工作扩大化

工作扩大化与原有工作内容相似，工作强度和种类有所增加，需要掌握更多知识，但不需要新技能。工作扩大化后员工会有更多的事情做，有利于提高工作效率。

工作扩大化的两个方面：深度设计主要增加更多的责任和工作权限，给予员工更多的自主性，提高工作的积极性；广度设计权限不变，增加相似的工作任务。

3. 工作丰富化

工作丰富化是以员工为中心，主要从纵向上改变工作内容和工作职责，赋予员工更复杂的工作。工作丰富化以赫茨伯格双因素理论中的激励因素为基础，员工承担的责任增加，工作的挑战性增加，通过自我管理提高工作绩效，从而获得成就感并有利于自身的发展。

二、岗位分类

岗位是组织为了完成某项任务或实现特定目的而设置的由一系列职责组成并赋予特定权力的总和。

岗位分类是从横向和纵向采用科学的方法，对组织中全部岗位进行划分类别和等级的过程。

横向分类主要按照工作岗位的性质进行划分。按照性质划分若干大类，叫作部门；继续细分大类的部门到中类的岗位，把业务相同的岗位归为一类叫职组；按照性质细分中类的工作岗位到小类，这些小类叫职系，一个职系就是一种职业。

纵向分类主要按照岗位的难易程度进行划分。根据难易程度不同划分为若干职级、各职系间划等，把难易程度接近的划为一等，称为职等。

现实中，按照岗位性质的不同可以划分成以下各类。

（一）决策岗位

决策岗位主要位于组织的高层，如总经理。

（二）管理岗位

管理岗位主要是一些部门科室的负责人，他们的职责是通过协调各部门关系，管理好一个小单位。

（三）监督岗位

监督岗位负责监督工作，主要是各部门科室，如审计部门。

（四）执行岗位

执行岗位根据上级安排完成自己的工作任务，主要从事行政或服务岗位。

（五）生产岗位

生产岗位负责企业基本的生产任务，主要是从事生产制造、安装维护或者辅助制造等工作的岗位。

（六）技术岗位

技术岗位包括具有专业技术职称或者从事专业技术工作的岗位。

（七）工勤岗位

工勤岗位主要是从事后勤服务的岗位。

三、定岗定编的方法

定岗定编是完成组织目标的保障。定岗主要是设计组织中具体的工作岗位，当岗位确定后，就会有从事该岗位人员数量和质量的要求，这就产生了定编的概念。因为人具有主观能动性，所以定岗定编只是一种参考，不可能绝对准确。定岗定编常用的方法有以下五种。

（一）效率定编法

按照劳动效率，定岗定编主要是按照生产任务和劳动效率及员工出勤率来计算岗位需要人数的方法，其基本形式有以下两种。

1. 时间定额定编

$$定编人数 = \frac{生产任务 \times 时间定额}{工作时间 \times 出勤率} \tag{3-1}$$

2. 产量定额定编

$$定编人数 = \frac{任务总量}{劳动效率 \times 出勤率} \tag{3-2}$$

（二）设备定编法

设备定编法适合拥有大量同类型设备的岗位。

$$定编人数 = \frac{设备台数 \times 开动班次}{看管定额 \times 出勤率} \tag{3-3}$$

（三）岗位定编法

岗位定编法适合大型联动设备或者流水线作业的岗位，也适合不能实行劳动定额的岗位，包括设备岗位定编和工作岗位定编。计算公式为：

$$定编人数 = \frac{岗位定员 \times 班次 \times 同类岗位数量}{出勤率} \times 轮休系数 \tag{3-4}$$

（四）行业比例法

行业比例法是按照组织职工总数或者营业面积或者某类人员的比例确定定编人数的方法，该方法适合辅助性生产岗位或服务性工作。根据要求，组织中有一部分人员与另一部分人员会有比例关系，如护士与病人、教师与学生。

$$定编人数 = \frac{员工总数或营业面积}{定员标准}$$

（五）预算控制法

预算控制法不是进行硬性规定，而是根据工资预算控制人数，用较少的人数和较低费用完成同样的业务量。

第三节　岗位评价与应用

岗位评价是确定岗位之间相对价值、建立岗位等级结构的过程。按照预先制定的标准，以岗位的工作职责、能力要求、资格及工作环境为综合依据进行评定。

一、岗位评价的程序与方法

（一）岗位评价的程序

岗位评价是一个系统化的过程，一般按照以下步骤完成。

1. 岗位的分类

岗位分类主要是按照工作性质将全部岗位分为几大类。

2. 收集岗位信息

这是以工作说明书为基础，收集汇总基准岗位的所有信息和资料，完成评价前的各项准备工作。

3. 确定岗位评价方法

岗位评价方法的选择至关重要。现在普遍认可的观点是根据职位系列来选择评价方法和方案，这就要求设计一套以上的评价方案。

4. 建立岗位评价小组

因为评价主体对待问题的角度不同，所以小组成员要包括一线主管或经理、部门专业人才、普通员工，必要时可以聘请外部的人力资源管理专家，小组成员5~10人即可。评价小组成员必须熟悉所有工作岗位，熟悉人力资源管理理论，对岗位评价方法也应有所了解。

5. 培训评价人员

岗位评价人员要独立完成各岗位及层级的评价，需要进行系统的培训学习，只有系统地掌握评价理论和方法，才能更好地完成工作。

6. 开展岗位评价工作

这是指广泛收集资料，对工作岗位进行评价。具体评价方法及步骤本节后面有详细的介绍。

7. 全面总结

全面总结的目的是吸取岗位评价的经验教训，为以后的工作奠定基础，最后把结果作为基础材料移交给负责薪酬设计的部门。

(二) 岗位评价的方法

这里主要介绍以下四种方法。

1. 排序法

排序法又叫排列法，20世纪70年代西方企业开始使用，是最早使用的岗位评价方法。这一方法简单易行，适合职位较少、程序简单的工作，是一种比较主观的方法。排序法主要通过职位与职位的比较来简单确定职位等级，一般以工作说明书为依据。

(1) 直接排序法。直接排序法是最简单直观的方法，按照一定的标准把职位按相对价值以一定的顺序排列出来。如首席建筑师、文秘、设计师、技师、打字员这五类人员按照岗位相对价值从高到低排序，应该是首席建筑师、设计师、技师、文秘、打字员。

(2) 交替排序法。交替排序法是按照一定的标准确定最高和最低价值的职位，然后再确定次高和次低价值的职位，直到所有职位都排列出来。

(3) 配对排序法。即将每个职位与其他职位按照一定标准进行比较，最后确定出价值等级顺序。例如，六个职位为 H、I、J、K、L 和 M，对职位进行等级排序步骤如下：

第一步，画表，把职位分别列出。

第二步，将每个职位分别与其他职位进行难易程度比较，难记"√"，不难为"×"，相同为"—"。

第三步，加总所有职位的难度数量，排出难度等级。

第四步，所有测评人员给出的等级加总平均，根据平均值确定职位等级排序。

2. 分类法

分类法是根据不同岗位的复杂或相似程度确定好岗位类别和等级，然后将各种职位放入预先确定好的类别中。

分类法的操作步骤如下：

第一步，依据岗位说明书分类，如管理类等。

第二步，细分职位类别。

第三步，确定等级数量，明确定义。

企业架构和职位设置情况影响等级数量。对工作复杂度、风险控制等进行分级，并且对每一级进行明确的定义。

第四步，形成等级序列。

3. 要素比较法

要素比较法属于排序法，又称为因素比较法，是一种量化方法。

具体操作步骤如下：

第一步，选择15~20个标杆岗位。如果企业较小，可以根据情况适当调整，选择具有代表性、关键性的岗位，工作内容稳定、员工熟悉。

第二步，确定报酬要素。找出岗位之间共有的要素作为报酬要素，如技能要求、岗位职责等。

第三步，排序标杆岗位。

第四步，分配工资率。依据市场调查结果及企业内部报酬要素情况确定岗位的工资率，工资率的分配是由不同专家评定的，因此可能存在差异，所以要协调评价人员的报酬要素评价结果，然后再进行分配。

第五步，确定非基准岗位薪酬。与标杆岗位报酬要素比较并赋予相应的工资率，最后加总得出各岗位的工资。

4. 计点法

计点法是一种量化职位评价方法，在我国企业中应用得比较广泛。

计点法包括三个组成要素：报酬因素、要素尺度、权重。

计点法的操作步骤：

第一步，工作分析，选择基准职位。

岗位评价之前首先需要对所有岗位进行工作分析，确定岗位的工作内容、责任、权限、环境等。基准职位要具有代表性，职位的描述要详细准确。

第二步，报酬要素的选择及定义。

报酬要素是通过工作描述进行选取的，如承担责任、职位条件等，属于一级要素，并且要进行严格的定义。如承担责任定义为决策的影响，对人力资源、财务资源及物力资源的控制情况。

第三步，报酬子要素的定义。

将一级报酬要素进行分解，分解为二级报酬子要素，如果需要，还可以继续分解为三级报酬子要素。对二级、三级子要素都要进行定义。

第四步，划分定义报酬要素的等级。

把子要素按照一定标准分成若干等级，对每个等级都要进行定义。

第五步，确定权重。

权重确定方法有层次分析法、应用统计学技术、经验法。报酬要素的权重一般以百分数形式表示，通过权重表现不同要素对企业的贡献程度不同。

第六步，报酬要素及子要素点数的确定。

企业总点数与职位数量有关，通过点数可以对不同的职位进行价值比较。

第七步，划分岗位等级。

第四节 工作分析的结果与应用

一、工作说明书

工作分析直接的结果就是形成工作说明书。工作说明书包括工作描述和任职资格两部分。工作描述说明岗位存在的意义、工作内容、职责等；任职资格说明要圆满完成该岗位任务需要任职者具备的知识、技能、能力等。

（一）工作描述

工作描述是对企业各类工作岗位加以规范的描述性文件，用来说明工作是什么（What）、怎么做（How）、做的目的是什么（Why）、在哪里做（Where）等。

1. 工作标志

职位基本信息是一职位区别于其他职位的标志，包括工作代码、职位名称、所在部门、职位等级、薪酬范围等。

2. 主体内容

主体内容主要包括以下六个方面。

（1）工作概要

工作概要是用简洁的语言概括该职位存在的价值及存在的目的。工作概要有严格的规范，按照工作依据、工作行动、工作对象及工作目的的顺序书写。

（2）工作职责

对工作概要进一步细化分解是工作描述的主体。

工作职责是指该职位通过哪些活动来实现组织目标，最终实现什么样的工作成果。书写顺序为工作行动、具体对象及工作成果。例如，人力资源总监的一项工作职责为：组织审核公司人员编制和人员招聘情况，为公司发展储备人才。

（3）工作权限。工作权限主要用于管理人员的职位描述，描述的是任职者掌控资源的范围和力度，包括决策权、批准权及经费预算权，体现任职者对企业的影响程度。

（4）业绩标准。即任职者完成工作时必须达到的标准。工作描述中业绩标准主要提供从哪些方面构建考核指标体系的信息。如完成日生产计划目标为每个工作日生产产品至少达到 500 件。

（5）工作联系。工作联系描述的是该岗位与企业内部部门及人员或企业外部哪些单位有联系。工作联系涉及的内容很多，但在工作描述中主要关注联系对象及内容。

（6）工作环境。工作环境主要是指工作的物理环境，包括环境对任职者身体的影响、工作场所、有无职业病的可能、环境的舒适度等。

（二）任职资格

任职资格也称为工作规范，是指任职者要圆满完成工作必须具备的资格条件，如教育程度、工作经验、性格、能力、兴趣、爱好等。任职资格与工作绩效相关。不同岗位对任职资格有不同的要求，要根据岗位需求，有选择地定义任职资格。

1. "显性" 任职资格

"显性" 任职资格准确性高，可以通过背景审查、证书等方法衡量。具体如下。

（1）教育水平，包括岗位任职者必须具备的最低学历水平，明确专业方向及所学的专业知识，与工作相关的资格证书。

（2）工作经验，包括任职者所有的工作经历，如一般工作经验、相关工作经验、行业工作经验等。岗位工作经验是公司内部工作经历。

（3）工作技能，是对工作相关工具、技能的掌握和应用，通常包括计算机、外语、公文写作等。

2. "隐性" 任职资格

"隐性" 任职资格测量准确性较低，但与工作绩效高度相关，包括组织能力、决策能力、团队合作、兴趣爱好等。

（三）工作说明书的编写

工作分析流程后，通过对岗位科学客观的分析，形成简明扼要的描述书，即工作说明书，让任职者知道自己应该做什么、工作目标是什么、工作环境如何。

1. 工作岗位名称及上下级关系

工作说明书中岗位名称前后应该一致；每个岗位只有一个上级，但可以有多个下级。

2. 工作概要

工作概要是应用高度概括性的语言对岗位的存在目的、职责进行描述。

3. 工作职责

工作职责是通过工作概要或者部门职责分解得到。需要注意的是：各个岗位的工作职责不能重叠交叉；数量也不能低于 4 个；工作职责要按照重要程度或者耗费时间比重进行排序，但须注意时间比重低于 5% 的职责一般不选择。

4. 内外部关系

工作说明书要明确岗位内外部的联系。企业内部与其他岗位或平级、上下级之间的沟通；与企业外部政府部门、银行、社会团体等的沟通联系。

5. 任职资格与条件

任职资格与条件主要从教育程度、知识、技能、能力和综合素质等方面来撰写。需要注意的是，不同企业即使岗位相同，任职资格也可能不同，要综合根据企业的业务情况、实际情况及市场情况来撰写。

6. 工作权限

编写工作说明书之前，要对职权进行划分。主要职权有建议权、提案权、审核权、审批权、执行权、考核权、奖惩权等，根据不同岗位情况设置相应的职权。

二、工作分析结果的应用

人力资源管理的目的就是做到"人岗匹配""人尽其才"，所以应该根据岗位需求与员工兴趣、爱好和能力安排所有员工的岗位。员工在工作岗位上要按照要求完成工作任务、承担相应的职责，优秀的员工还要给予奖励。工作分析是人力资源管理的基础，可以用于人力资源管理的整个过程，起到激励员工发挥才能的作用。

(一) 工作分析在招聘中的应用

人员招聘程序中,工作分析能够在确定选录标准、人员招募和人员甄选等方面提供具有关键意义的支持和贡献。

首先,招聘广告中职位名称直接来源于工作标识;工作内容从工作概要和岗位职责中提炼;任职要求从任职资格中提炼最重要的部分。其次,吸引到的求职者筛选指标包括学历、专业、工作经验、能力等,所有这些都直接或间接来源于工作说明书。最后,面试所要考查的要素,如能力、自信心、行业知识等也属于工作分析的贡献。此外,企业现有人员在内部岗位上的调整与流动也需要工作说明书作为参照。

(二) 工作分析在培训中的应用

工作分析与培训的联系主要在于,管理者要了解某一岗位的任职资格,以此来判断现有任职者具备的能力是否与岗位相匹配。如果有差异,要通过培训让员工达到相应的资格要求,即岗位需要的任职能力可以通过培训来解决。这一过程要做到以下几点:首先,要明确岗位任职资格和能力要求,这要通过工作分析来完成,通过查阅工作说明书明白培训要达到的能力要求;其次,要了解现有任职者的能力状况,这些信息需要通过绩效考核结合其他调查来获得;最后,以工作分析为基础,结合以上情况明白对现有任职者怎么培训及培训内容。

(三) 工作分析在绩效考核中的应用

首先,工作说明书中有关工作职责的描述有助于清晰地设定管理目标,是给员工下达管理目标的凭据。岗位的直接上级可以随时查阅工作说明书,以便有效地开展对员工的目标管理工作。

其次,开展绩效考核时,一个基本要求是提前设计绩效考核指标,而考核指标来源于工作职责或工作内容。一般来说,员工考核指标包括:第一,从公司层面分解下来的指标,所有员工都或多或少承担一定的责任,员工根据岗位职责会承担部分工作;第二,根据工作说明书中本岗位的职责提取出的指标。另外,还有一些临时性的工作可能也需要提取指标。所有考核指标大部分还是来源于岗位职责。

此外,绩效考核也具有检验的功效。如果员工达不到绩效标准,这时就要反思是员工能力问题还是考核指标设计不合理,是否需要调整,这些都可以通过绩效考核进行检验。

现有企业薪酬支付的基础绝大部分还是以岗位为基础,虽然也有绩效薪酬、技能薪酬，但这些都离不开岗位。在岗位薪酬体系下，薪酬政策是由工作评价结果决定的。通过工作分析、工作评价，对企业内部岗位相对价值进行确定，依据说明书确定相关岗位的薪酬水平，建立有竞争力的薪酬体系。

三、工作说明书的维护

工作说明书是静态文件，但其内容必须动态调整。公司的岗位发生变化，如果职位增加、撤销，某项工作的职责或内容发生了变化，工作说明书的内容也要及时做出相应的调整与改变。一般经过 1～2 年，就需要对工作说明书进行全面的修正与提升一次；工作说明书的结构可以不变；工作说明书的培训是非常重要、必不可少的。

一般由部门负责人向人力资源部提出申请并填写修改表，人力资源部收集信息，并审核修改。

第四章 招聘管理与员工培训开发

 ## 第一节 员工招聘概述

一、员工招聘含义

人力资源管理的一项重要功能就是要为企业获取合格的人力资源，尤其是在人才竞争日趋激烈的今天，能否吸引并甄选到优秀的人才已成为企业生存和发展的关键，人力资源管理的吸纳功能因此越发显得重要，而这项功能正是通过员工招聘来实现的。作为人力资源管理的一项基本职能活动，员工招聘是人力资源进入企业或者具体职位的重要入口，它的有效实施不仅是人力资源管理系统正常运转的前提，也是整个企业正常运转的重要保证。

（一）招聘的含义与目标

招聘就是指在企业总体发展战略规划的指导下，制订相应的职位空缺计划，寻找合适的人员来填补这些职位空缺的过程。招聘包括招募、甄选与录用三个部分，招募（Recruitment）是企业采取多种措施吸引候选人来申报企业空缺职位的过程；甄选（Welection）是指企业采用特定的方法对候选人进行评价，以挑选最合适人选的过程；录用是指企业做出决策，确定入选人员，并进行初始安置、试用、正式录用的过程。

准确地理解招聘的含义，需要把握六个要点，即良好的招聘活动必须要达到 6R 的基本目标。

一是恰当的时间（Right Time），就是要在适当的时间完成招聘工作，以及时补充企业所需的人员，这也是对招聘活动最基本的要求。

二是恰当的范围（Right Area），就是要在恰当的空间范围内进行招聘活动，这一空间范围只要能够吸引到足够数量的合格人员即可。

三是恰当的来源（Right Source），就是要通过适当的渠道来寻求目标人员，不同的职位对人员的要求是不同的，因此要针对那些与空缺职位匹配程度较高的目标群体进行招聘。

四是恰当的信息（Right Information），就是在招聘之前要对空缺职位的工作职责内容、任职资格要求及企业的相关情况做出全面而准确的描述，使应聘者能够充分了解有关信息，以便对自己的应聘活动做出判断。

五是恰当的成本（Right Cost），就是要以最低的成本来完成招聘工作，当然这是以保证招聘质量为前提条件的，在同样的招聘质量下，应当选择费用最少的方法。

六是恰当的人选（Right People），就是要把最合适的人员吸引过来参加企业的招聘，并通过甄选挑选出最合适的人选。

（二）招聘工作的意义

招聘工作的有效实施对人力资源管理本身和整个企业都具有非常重要的意义，这主要表现在以下四个方面。

1. 招聘工作决定了企业能否吸纳到优秀的人力资源

人力资源，尤其是优秀的人力资源对企业的重要性是不言而喻的，如果我们将企业看成是一个输入输出系统的话，那么人力资源就是这个系统的转换器，没有人力资源，企业就无法将原始的资源输入转换为有效的产品输出，因此企业需要人力资源的输入。招聘工作则是人力资源输入的起点，没有对优秀人力资源的吸引，企业就不可能实现对他们的吸纳。所以，招聘工作的质量直接决定着人力资源输入的质量。从这个意义上讲，招聘工作对企业今后的成长和发展具有重要的意义。

2. 招聘工作影响着人员的流动

企业的人员流动是受到多种因素影响的，招聘活动就是其中很重要的一个因素，招聘过程中信息传递的真实与否，会影响到应聘者进入企业以后的流动。如果向外部传递的信息不真实，只展现企业好的一面，却隐瞒不好的一面，那么员工进入企业后就会产生较大的失落感，这会降低他们的工作满意度，从而导致较高的人员流动率；相反，如果传递的信息比较客观真实，就会有助于降低人员的流动率。

3. 招聘工作影响着人力资源管理的费用

作为人力资源管理的一项基本职能，招聘活动的成本构成了人力资源管理成本的重要组成部分，招聘成本主要包括广告的费用、宣传资料的费用、招聘人员的工资等，全部的费用加起来一般是比较高的。例如在美国，每雇用一个员工的招聘成本通常等于这名员工年薪的1/3。因此，招聘活动的有效进行能够大大降低它的成本，从而降低人力资源管理的成本。

4. 招聘工作是企业进行对外宣传的一条有效途径

招聘，尤其是外部招聘，本身就是企业向外部宣传自身的一个过程，为了实现招聘的目的，企业要向外部发布自己的基本情况、发展方向、方针政策、企业文化、产品特征等各项信息，这些都有助于企业更好地展现自身的风貌，使社会更加了解企业，营造良好的外部环境，从而有利于企业的发展。研究表明，公司招聘过程的质量高低明显地影响着应聘者对企业的看法；招聘人员的素质和招聘工作的质量在一定程度上被视为公司管理水平和公司效率的标志。正因为如此，现在很多外企对校园招聘都给予高度的重视，一方面是要吸引优秀的人才，另一方面也是在为企业做广告。

（三）招聘工作的程序

为了保证招聘工作的科学规范，提高招聘的效果，招聘活动一般要按照下面六个步骤来进行：确定招聘需求、制订招聘计划、招募、甄选、录用、效果评估。

1. 确定招聘需求

确定招聘需求是整个招聘活动的起点。招聘需求包括数量（空缺职位）和质量（所需要具备的任职资格与胜任素质等）两个方面。只有明确获知招聘需求，才能够开始进行招聘。招聘需求的确定，要以人力资源规划、职位分析和胜任素质模型为基础。

需要强调指出的是，由于企业填补职位空缺的方法有很多，招聘只是其中的一种，因此只有当企业选择使用这种方法时，整个招聘工作的程序才会开始运作，否则即便存在职位空缺，招聘也不会转化为现实的工作。比如企业决定通过增加其他职位工作职责的办法来解决职位空缺问题，就没有必要进行招聘录用。

2. 制订招聘计划

招聘需求明确后，人力资源管理部门需要会同用人部门共同制订招聘计划及具体措施。招聘计划的内容一般来说主要包括以下四个方面的内容：招聘的规模、招聘的范围、招聘的时间和招聘的预算，当然企业还可以根据自己的情况再增加其他内容。

（1）招聘的规模

招聘的规模就是指企业准备通过招聘活动吸引多少应聘者，前面已经指出，招聘活动吸引的人员数量既不能太多也不能太少，而应当控制在一个合适的规模。一般来说，企业是通过招聘录用的金字塔模型来确定招聘规模的，也就是说将整个招聘录用过程分为若干个阶段，以每个阶段参加的人数和通过的人数的比例来确定招聘的规模。

在使用金字塔模型确定招聘规模时，一般是按照从上到下的顺序进行的，例如，企业的职位空缺为 10 个，面试与录用的比例为 3：1，就需要 30 人来参加面试；而笔试与面试的比例为 10：3，因此就需要 100 人来参加笔试；应聘者与参加笔试者的比例为 10：1，所以企业需要吸引 1000 名应聘者，招聘的规模相应的也就是 1000 人。

使用这一模型确定的招聘规模，取决于两个因素：一是企业招聘录用的阶段，阶段越多，招聘的规模相应就要越大；二是各个阶段通过的比例，这一比例的确定需要参考企业以往的历史数据和同类企业的经验，每一阶段的比例越高，招聘的规模就要越大。

（2）招聘的范围

招聘的范围就是指企业要在多大的地域范围内进行招聘活动。从招聘的效果考虑，范围越大，效果相应也会越好；但是随着范围的扩大，企业的招聘成本也会增加，因此对于理性的企业来说，招聘的范围应当是适度的，既不能太大也不能太小。

企业在确定招聘范围时，总的原则是要在与待聘人员直接相关的劳动力市场上进行招聘，这通常需要考虑以下两个主要因素：一是空缺职位的类型。一般来说，层次较高或性质特殊的职位，需要在较大的范围内进行招聘；而层次较低或者比较普通的职位，在较小的范围内进行招聘即可。二是企业当地的劳动力市场状况，如果当地的劳动力市场比较紧张，相关职位的人员供给比较少，那么招聘的范围就要扩大；相反，当劳动力市场宽松时，在本地进行招聘就可以满足需求。

（3）招聘时间

由于招聘工作本身需要耗费一定的时间，再加上甄选录用和岗前培训的时间，因此填补一个职位空缺往往需要相当长的时间，为了避免企业因缺少人员而影响正常的运转，企业要合理地确定自己的招聘时间，以保证职位空缺的及时填补。

招聘时间选择最常用的方法是时间流失数据法（Time Lapse Data，TLD），该方法显示招聘过程中的关键决策点的平均时间间隔，通过计算这些时间间隔来确定招聘的时间。例如，企业计划在未来 6 个月内招聘 30 位销售人员，根据金字塔模型确定的招聘规模为3000 人。TLD 分析表明，根据以往的经验，在招聘广告刊登 10 天内征集求职者的简历；邮寄面试通知需要 5 天；进行个人面试安排需要 5 天；面试后企业需要 4 天做出录用决策；得到录用通知的人需要在 10 天内做出是否接受工作的决定；接受职位的人需要在 10 天内到企业报到。按照这样的估计，企业应在职位出现空缺之前 40 天就开始进行招聘。在使用这种方法确定招聘时间时，也要考虑两个因素：整个招聘录用的阶段和每个阶段间隔的时间间隔，阶段越多，每个阶段的时间越长，那么招聘开始的时间就要越早。

当然在招聘实施过程中，由于各种原因，企业要随时对招聘时间进行调整，及时填补职位空缺。

（4）招聘的预算

在招聘计划中，还要对招聘的预算做出估计，招聘的成本一般由以下三项费用组成。

①人工费用，就是公司招聘人员的工资、福利、差旅费、生活补助、加班费等。

②业务费用，包括通信费（比如电话费、上网费、传真费）、专业咨询与服务费（比如获取中介信息支付的费用）、广告费（在电视、报纸等媒体发布广告的费用）、资料费（公司印刷宣传材料和申请表的费用）、办公用品费（比如纸张、文具的费用）等。

③其他费用，包括设备折旧费、水电费、物业管理费等。

在计算招聘费用时，应当仔细分析各种费用的来源，把它们归入相应的类别中，以避免出现遗漏或重复计算。

3. 招募

招聘计划完成以后，下一个步骤就是招募，具体包括选择招聘的来源和招聘的方法。招聘的来源是指潜在的应聘者所在的目标群体；招聘的方法则是指让潜在的应聘者获知企业招聘信息的方式和途径。

招聘来源及招聘方法的选择，对招聘活动的效果具有非常重要的影响，如果选择的招聘来源不当，目标群体中的人员并不适合从事空缺职位，那么招聘活动就无法吸引到合适的应聘者。例如企业本来准备招聘熟练的技术工人，但是选择的招聘来源却是技校，由于学校的学生普遍缺乏实际操作经验，因此招聘的效果就会不理想；招聘方法同样如此，如果企业选择的招聘方法并不能让潜在的应聘者及时获知招聘信息，那么也无法吸引到应聘者。例如企业要招聘一般的勤杂人员，选择的招聘方法却是互联网，招聘的效果就可想而知了。对于不同的招聘渠道来说，招聘的来源和招聘的方法也是不同的。

企业通过有关的途径把招聘信息发布出去后，还要对应聘者的应聘资料进行回收，以便进行下一步的甄选录用。招聘人员在回收应聘资料的过程中，并不只是被动地收取，还应当进行初步的筛选，剔除那些明显不符合要求的人员，从而减轻甄选录用的工作量。需要强调指出的是，初步筛选剔除的人员不一定就不优秀，只是不符合此次招聘的要求而已，对于这些人员的信息，企业还是应当保留起来建立一个专门的招聘信息库，这样以后进行招聘时还可以使用这些信息，避免重复工作，也可以提高招聘的速度。

4. 甄选

甄选是人员招聘中最关键的一个环节，甄选质量的高低直接决定选出来的应聘者是否能达到企业的要求；甄选也是技术性最强的一个环节，涉及心理测试、无领导小组讨论等诸多方法。甄选的最终目的是将不符合要求的应聘者淘汰，挑选出符合要求的应聘者供企业进一步筛选。

5. 录用

人员录用决策做得成功与否，对招聘有着极其重要的影响，如果决策失误，则可能使整个招聘过程功亏一篑。这个阶段涉及的主要工作包括录用决策、通知录用者及未录用者、员工入职、试用和正式录用等。

（1）录用决策

录用决策主要是对甄选过程中产生的信息进行综合评价与分析，明确每个求职者的胜任素质和能力特点等，根据预先设计的人员录用标准对所有候选人进行客观、公正的评价，确定最符合企业要求的人选。

（2）通知录用者及未录用者

做出录用决策后，企业应该及时通过正式信函、电话或邮件等方式通知录用者，让录用者了解具体的职位、职责、薪酬等，并知会报到时间、地点、方法及报到应携带的资料与注意事项。除了通知录用者，企业还应该在第一时间以礼貌的方式通知未录用者，让他们了解到最终的结果，避免盲目等待。

（3）员工入职

在这一阶段员工需要完成烦琐的入职手续。第一，新员工要到人力资源管理部门报到，填写新员工档案登记表，签订劳动合同，办理各项福利转移手续；第二，新员工所在部门的管理者还需要帮助新员工明确职责，熟悉与工作相关的各类事情；第三，企业还应该开展新员工培训，帮助新员工了解企业的历史、现状和未来发展计划，工作流程等；第四，新员工要到相关部门办理各类手续，比如要到行政部门领取办公设备、门卡等日常办公用品。

（4）试用和正式录用

新入职的员工，在签订劳动合同后，根据劳动合同法的规定，有一段试用期。如果试用合格，试用期满需要根据劳动合同法办理转正手续。在办理完转正手续后，员工就成为企业的正式员工，开始承担正式员工的责任与义务，同时也开始享受正式员工的各项权利。

6. 效果评估

整个招聘过程的最后一个步骤就是评估招聘的效果，对这一点很多企业以前并不重视，对招聘效果进行评估，可以帮助企业发现招聘过程中存在的问题，对招聘计划及招聘方法和来源进行优化，提高以后招聘的效果。

对招聘效果进行评估，一般要从以下四个方面来进行。

（1）招聘的时间

在招聘计划中一般都有对招聘时间的估计，在招聘活动结束后要将招聘过程中各个阶段所用的时间与计划的时间进行对比，对计划的准确性进行评估和分析，为以后更加准确地制定招聘时间奠定基础。

（2）招聘的成本

招聘成本的评估包括两个方面：一是将实际发生的招聘费用与预算费用进行对比，以利于下次更准确地制定预算；二是计算各种招聘方法的招聘单价，从而找出最优的招聘方法。其他条件相同时，招聘单价越低，说明这种招聘方法越有效。招聘单价可以通过下面的公式计算：

$$人均招聘费用 = \frac{招聘总费用}{总人数} \qquad (4-1)$$

（3）应聘比率

这是对招聘效果数量方面的评估，其他条件相同时，应聘的比率越高，说明招聘的效果越好。应聘比率可以通过下面的公式计算：

$$应聘比率 = \frac{应聘人数}{划招聘人数} \times 100\% \qquad (4-2)$$

（4）录用比率

这是对招聘效果质量方面的评估，其他条件相同时，录用的比率越高，说明招聘的效果越好。录用比率可以通过下面的公式计算：

$$应聘比率 = \frac{应聘人数}{划招聘人数} \times 100\% \qquad (4-3)$$

（四）招聘工作的职责分工

在招聘过程中，传统的人事管理与现代人力资源开发与管理的职责分工不同。过去，员工招聘的决策与实施完全由人事部门负责，用人部门的职责仅是负责接收人事部门招聘的人员及其安排，完全处于被动的地位。在现代企业中，起决定性作用的是用人部门，它直接参与整个招聘过程，并在其中拥有计划、初选与面试、录用、人员安置与绩效评估等决策权，完全处于主动地位。人力资源部门只在招聘过程中起到组织和服务的功能，如表4-1所示。

表 4-1　招聘过程中用人部门与人力资源部门的工作职责分工

用人部门	人力资源部门
招聘计划的制订与审批 招聘职位的职位说明书及录用标准的提出 应聘者初选，确定参加面试的人员名单 负责面试、考试工作 录用人员名单、人员工作安排及试用期待遇的确定 正式录用决策 员工培训决策 录用员工的绩效评估与招聘评估 人力资源规划修订	招聘信息的发布 应聘者登记、资格审查，通知参加面试的人员面试、考试工作的组织 个人资料的核实、人员体检 试用合同的修订 试用人员报到及生活方面的安置，正式合同的签订 员工培训服务 录用员工的绩效评估与招聘评估人力资源规划修订

第二节　员工招聘的渠道与方法

一般而言，员工招聘的渠道分为外部招聘和内部招聘，本节介绍这两种员工招聘渠道的具体方法。

一、内部招聘的渠道与方法

（一）内部招聘来源

在进行内部招聘时，从理论上讲，招聘的来源有四个：一是下级职位上的人员，主要通过晋升的方式来填补空缺职位；二是同级职位上的人员，填补空缺职位的方式主要是工作调换或工作轮换；三是上级职位上的人员，主要通过降职方式来填补空缺职位；四是临时人员转正。但是在实践中，几乎没有企业会使用第三种方式，因此内部招聘的来源主要就是其余三种。

使用晋升的方式来填补职位空缺，有利于调动员工的积极性并有助于其个人的发展，但是容易造成"近亲繁殖"；工作调换就是在相同或相近级别的职位间进行人员的调动来填补职位空缺，当这种调动发生不止一次时，就形成了工作轮换，这种方式有助于员工掌握多种技能，提高他们的工作兴趣，但是不利于员工掌握某一职位的深度技能，会影响工作的专业性；临时工转正的方式也不失为一种很好的选择，但是要注意避免过度使用不成熟人才现象的发生。

（二）内部招聘的方法

内部招聘的方法主要有两种：一是工作公告法，二是档案记录法。

1. 工作公告法

这是最常用的一种内部招聘方法。它是通过向员工通报现有工作空缺，从而吸引相关人员来申请这些空缺职位。工作公告中应包括空缺职位的各种信息，如工作内容、资格要求、上级职位、工作时间及薪资等级等。发布工作公告时应注意，公告应置于企业内部人员都可以看到的地方，以便有资格的人员有机会申请这些职位；公告应保留一定的时间，避免有些人因工作外出而看不到；应使所有申请人都收到有关的反馈信息。

2. 档案记录法

在企业的人力资源部，一般都有员工的个人资料档案，从中可以了解到员工在教育、培训、经验、技能、绩效等方面的信息，通过这些信息，企业的高层和人力资源部门就可以确定出符合空缺职位要求的人员。使用这种方法进行内部招聘时，要注意两个问题：一是档案资料的信息必须真实可靠、全面详细，此外还要及时更新，这样才能保证挑选人员的质量；二是确定出人选后，应当征求本人的意见，看其是否愿意服从调配。

随着计算机和网络技术的发展，现在很多企业都建立起了人力资源信息系统，对员工的个人信息进行动态化和规范化的管理，利用档案记录进行内部招聘的效率和效果都得到了大幅度的提高。

（三）内部招聘的具体措施

1. 内部晋升和岗位轮换

内部晋升和岗位轮换需要建立在职位管理和员工职业生涯规划管理体系的基础上。

①建立一套完善的职位体系，明确不同职位的关键职责、职位级别及职位的晋升轮换关系，即指明哪些职位可以晋升到哪些职位，哪些职位之间可以轮换。在职位体系中需要建立各个职位的任职资格，在晋升和岗位轮换时以任职资格为依据。

②在员工的绩效管理基础上建立员工的职业生涯管理体系。在每次绩效评定的时候不但要对员工的工作目标完成情况进行评定，还要对员工的工作能力进行评估，建立员工的能力档案。同时，还需要不断地了解员工的职业发展愿望，帮助员工一起建立职业生涯规

划，根据组织中员工的发展愿望和发展可能性进行岗位的有序轮换，并对有潜力的、业绩优秀的员工加以提拔。

内部晋升与岗位轮换是建立在系统有序基础上的内部职位空缺的补充办法，因此，需要建立内部晋升与岗位轮换的管理程序和制度。在管理制度中，应该至少规定晋升与岗位轮换的条件、范围、时间要求、流程等内容。

为了使企业内部晋升和岗位轮换有序进行，可以建立一个接班人计划，为组织中的重要职位确定一些可能的候选人，并跟踪这些候选人的绩效，对他们的提升潜力进行评估，一旦这些职位出现空缺的时候就可以用最有潜力的候选人补充。

2. 内部公开招聘

在企业内部有职位空缺时，也可以通过内部通告的形式公开招聘。一般来说，可以在企业内部网站的主页、公告栏或以电子邮件的方式告诉全体员工，符合条件的员工可以根据自己的意愿自由应聘。

为了保证内部招聘的质量，参加内部招聘的员工同样也要像外部招聘的应聘者一样接受选拔评价。对经过选拔评价符合任职资格的员工才能予以录用。为了保证正常的工作秩序，员工应聘内部职位必须经过原主管的同意，并且一旦应聘成功，应该给予一定时间进行工作交接。

对应聘内部职位的员工的条件也应有一定的界定。例如，应该在现有的职位上工作满一定的时限，绩效评定的结果满足一定的标准等，即应该鼓励工作负责、成绩优秀的员工合理流动，而并不是鼓励在某一个职位上不认真工作、侥幸更换到其他职位的行为。

3. 临时人员的转正

企业有时可以把临时工转为正式工，从而补充空缺职位。但在实施临时工转正时，要以能力和绩效为导向，只有那些能力强、符合岗位需求的人员才可以转正。同时，在临时工转正时要注意相关的人事管理政策和法律规定，避免触犯法律。这种内部招聘的方式本身就是一种重要的员工激励方法。

4. 返聘或重新聘用

返聘或重新聘用也是一种内部招聘的方法。但需要注意的是，这时需要以能力、经验为标准作为返聘的依据。如果因为权威、资历等其他因素而对相关人员实施返聘，有时反而不利于工作。所以，对企业的返聘工作，首先要有一套相应的管理制度，其次是要对返聘人员进行良好的选择、组织、协调和管理。

二、外部招聘的渠道与方法

（一）外部招聘的来源

外部招聘主要有以下五个来源。

1. 学校

学校是企业招聘初级岗位的重要来源，在中学和职业学校可以招聘办事员和其他初级操作性员工，在大学里则可以招聘潜在的专业人员、技术人员和管理人员。由于学生没有任何工作经验，因此让他们接受企业的理念和文化相对比较容易。

2. 竞争者和其他公司

对于要求具有工作经验的职位来说，竞争者或同一行业的其他公司可能是最主要的招聘来源。在美国，约有5%的工人随时都在积极寻求或接受岗位的变化；在经理和专业人员中，每三个人中，每隔五年就有一个人会变换工作。此外，从这一来源进行招聘也是企业相互竞争的一种重要手段。

3. 失业者

这也是企业招聘的一个重要来源，由于失业者经历过失去工作的痛苦，因此当他们重新就业后会更加珍惜现有的工作机会，工作努力程度比较高，对企业的归属感也比较强。

4. 老年群体

包括退休员工在内的老年群体也构成了一个宝贵的招聘来源。虽然老年人的体力可能有所下降，但是他们具有年轻人不具备的工作经验。此外，由于老年人的生活压力比较小，因此他们对薪资待遇的要求并不是很高，这些对企业都非常有利。

5. 军人

由于军人有真实的工作历史，个人品质可靠，具有灵活、目标明确、纪律性强及身体健康等特点，因此对企业来说也是非常重要的一个来源。

（二）外部招聘的方法

一般而言，外部招聘的方法主要有以下七种。

1. 发布招聘广告

在实施外部招聘时，需要把企业的招聘信息以合适、合理的方式发布出去，以招聘广告的形式展现在可能的申请者面前。这就如同市场营销中的营销广告一样，它直接决定有多少人会来应聘。而这也是招聘阶段非常关键的工作，它的成败直接决定了整个招聘与甄选的可选择范围。所以，在招聘与甄选工作中一定要重视招聘广告的制作和投放。

招聘广告要有效才能招聘到所需要的人力资源。有效的招聘广告，是指企业能把招聘信息以经济上最合理、时间上最快速的方式传递给企业所需要的人力资源，并吸引他们采取最强烈的求职行动的广告。

广告的有效程度取决于两个方面：一是广告要考虑媒体的选择；二是广告要传递到目标群体，并激发他们强烈的求职行为。

①招聘广告的媒体选择。招聘广告媒体的选择会影响广告受众的性质、时间和可能申请的人员数量、受众的分布、成本。

②招聘广告的书写原则。招聘广告要引起受众的强烈求职行为，这需要在书写广告时遵循广告的 AIDA（Attention-Interest-Desire-Action）原则。具体来看，包括以下四个方面：招聘广告能够引起受众的注意（A）；招聘广告能引起受众对广告的兴趣（I）；招聘广告能引起申请者的求职意愿（D）；招聘广告能引起求职者积极的求职行为（A）。

③招聘广告的内容。关于招聘广告应该包括哪些内容，不同的行业、企业、职位可能会不一样，但其中也有规律可循。一般而言，招聘广告需要包括公司名称、岗位的部门分布和数量、岗位要求、应聘者需要做的准备、待遇相关的问题、工作地点、企业的联系方式。其中，工作地点在我国具有特殊性，因为对于很多求职者而言，工作地点往往是他们选择工作时的第一因素。

2. 借助职业介绍机构

我国劳动力市场上出现了很多职业介绍机构，既有劳动部门开办的，也有一些私营的职业介绍机构。这些机构为用人单位与求职者之间搭建了一个很好的桥梁，为用人单位推荐求职者，为求职者推荐工作。很多劳动部门开办的职业介绍机构也定期举办一些人才交流会和招聘会，为企业招聘人才提供了很好的平台。

一般来看，企业在以下情况下才会选用职业介绍机构：①过去企业难以吸引足够数量的申请者；②企业在目标劳动力市场上缺乏招聘经验；③企业需要的员工数量少；④企业急于填充岗位空缺；⑤企业试图招聘到现在正在工作的员工。

3. 借助猎头公司

企业需要招聘中高级人才时，"猎头"往往是他们的首选。"挖角"人才是他们的主要途径。一般来讲，真正的高级人才不愁没工作，所以他们不会到处找工作，这样的人才需要猎头顾问去挖掘。

"猎头"在国外已经是比较流行的招聘形式，最早的猎头公司成立于第二次世界大战后的美国，是国外人才中介机构的主营业务。猎头的主要业务是受企业委托，搜寻中高级的管理或技术人才。在国外，猎头除了"Headhunting"这样的称呼，还有个非常专业的名字称为"高层行政人员招聘"（Executive Search）。猎头公司以前一般称为"人才顾问公司"或"信息服务公司"，"信息服务公司"更体现了他们服务企业、服务人才的宗旨，更能体现他们的服务精神。随着此行业的发展和获得社会认可，现在猎头公司一般称为"猎头"。

"猎头"公司里的每个猎头顾问都须从头到尾跟踪一名人才（Case），他们要在招聘企业和人才之间两头跑。与猎头公司讲好所需职位，即对人才的详细要求并"落单"后，猎头公司便展开行动。求助于猎头公司的一般都是大型企业，尤其是外企居多。按照目前猎头公司的一般运作程序，企业才是他们的第一客户，但人才也是他们的"财富"。也就是说，首先要客户提出招聘要求，他们才会通过各种途径找到相应的人才。猎头公司在企业间充当桥梁，充分发挥猎头顾问的智慧与沟通技巧，推荐相应的人才到相应的企业任职。

4. 通过校园招聘

校园招聘是一种特殊的外部招聘途径。狭义是指招聘组织（企业等）直接从学校招聘各类各层次应届毕业生；广义是指招聘组织（企业等）通过各种方式招聘各类各层次的应届毕业生。学生经过几年的专业学习，具备了系统的专业理论功底，尽管还缺乏丰富的工作经验，但其仍然具有很多就业优势。比如，富有热情；学习能力强；善于接受新事物；头脑中的条条框框少；对未来抱有憧憬；而且都是年轻人，没有家庭拖累；可以全身心地投入工作中；更为重要的是，他们是"白纸"一样的"职场新鲜人"，可塑性极强，更容易接受公司的管理理念和文化。正是毕业生身上的这些特质，吸引了众多企业的眼球，校园招聘成为企业重要的招聘渠道之一。

5. 推荐招聘

推荐招聘就是指通过企业的员工、客户或者合作伙伴的推荐来进行招聘，这也是外部招聘的一种重要方法。这种招聘方法的好处是招聘的成本比较低；推荐人对应聘人员比较了解；应聘人员一旦录用，离职率比较低。它的缺点是：容易在企业内部形成非正式的小团体；如果不加控制，会出现任人唯亲的现象；由于推荐的应聘人员不可能太多，因此甄选的范围比较小。

6. 通过网络招聘

网络招聘也称在线招聘或电子招聘，是利用互联网技术进行的招聘活动，包括发布职位信息、收集整理简历、在线面试与在线测评等招聘程序。网络招聘不仅仅是将传统的招聘业务复制到网上，而且是互动的、无地域限制的、具备远程服务功能的一种全新的招聘方式，它的出现给招聘方式带来深刻的变革。

近几年，通过网络选聘人才的企业数量和人才招聘网站访问次数大幅度持续增长，互联网已经成为单位招聘和人才求职的主要渠道，与传统的人才市场并驾齐驱成为人才供求的集散地。用人单位和毕业生双方在互联网上都可以进行简便快捷的交流和洽谈，不必再奔波于传统的就业市场，大大减少了中间环节，降低了用人单位的招聘成本和毕业生的求职成本，低成本、高回报的网上就业市场成为单位和毕业生招聘求职的首选渠道。

7. 借助真实工作预览

真实工作预览是出现在 20 世纪 80 年代的一种新的招聘思想，它并不是一种简单的技术和方法，而是一种招聘的整体哲学和方法。这种招聘哲学认为，企业在招聘过程中，只有给求职者（尤其是潜在的员工）以真实的、准确的、完整的有关企业和职位的信息（包括积极和消极两个方面。这些真实的信息可以通过小册子、电影、录像带、面谈、上司和其他员工的介绍等多种方式来提供）才能产生一个好的匹配效果，增加员工的满足感并使员工对企业更效忠，从而会产生比较低的员工流失率。

通过真实工作预览降低了新员工对工作的期望值，也略微降低了员工对工作的接受率，但也提高了新员工对工作的满意感和对组织的承诺，更能促进员工与组织之间的相互接纳，使得双方有一个满意的心理契约，降低了员工流失率。这种方法针对我国当前产业工人中流水线上的普通工人的招聘具有很好的借鉴意义。

总之，招聘人才的方法五花八门，不同类型的工作可以选择不同的招聘方法，做到因地因事制宜。

三、招聘信息的发布

不管选择何种方法进行招聘，招聘信息的发布都是很重要的一项内容，尤其是广告招聘和外出招聘，招聘信息的发布对招聘的效果有很大的影响。一般来说，招聘信息的发布要遵循以下原则：

1. 广泛原则。发布招聘信息的面越广，接收到该信息的人就会越多，从应聘人员中发现符合职位要求的人的概率就会越大。

2. 及时原则。在条件允许的情况下，招聘信息应该尽早地向人们发布，这样有利于缩短招聘进程，而且还有利于使更多的人获知信息。

3. 层次原则。由于潜在的应聘人员都处于社会的某一层次，因此要根据空缺职位的特点，向特定层次的人员发布招聘信息，以提高招聘的有效性。

4. 真实原则。在向外界发布招聘信息时，一定要客观真实。早在20世纪70年代，美国管理协会就建议企业使用真实工作预览法，通过向求职者提供有关职位的真实信息，降低人员进入企业后的流动率。

5. 全面原则。除了要向外界提供有关职位本身的信息外，还要尽可能多地提供其他的相关信息，比如企业的概况、工作的条件、发展的机会等。应聘者对企业了解得越多，越有助于他们做出判断和选择。

第三节　员工培训与开发

一、培训与开发概述

企业通过招聘与录用，吸纳了新的员工，这些新员工对企业目标、企业文化、具体岗位工作的内容要求等，并不一定真正理解与掌握，而且他们目前所具备的知识能力可能与实际的工作要求之间有一定的差距。因此，对于企业来说，就很有必要尽快提高他们的能力水平，并使其融入企业，以积极有效的行为和心态开展工作。此外，对于在企业中工作了多年的老员工，当他们转换了新的工作岗位，或者当企业的环境发生了变化时，如企业的经营战略发生变化、企业引进了新的技术等，这时也需要对他们进行培训，帮助他们适应新的环境。这就是人力资源管理的一项基本职能——培训与开发。

作为人力资源管理的一项基本职能活动，培训与开发是实现人力资源增值的一条重要途径。随着人力资源对价值创造贡献的逐渐增加，人力资源的增值对企业的意义也日益重要。因此，越来越多的企业开始重视培训与开发工作。

（一）培训与开发的含义

培训与开发是指企业通过各种方式使员工具备完成现在或者将来工作所需要的知识、技能并改变他们的工作态度，以改善员工在现有或将来职位上的工作业绩，最终实现企业整体绩效提升的一种计划性和连续性的活动。

培训（Training）和开发（Development）是两个既有重叠又有区别的概念，重叠在于两者的出发点是一样的，都是要通过提高员工的能力来提升员工的工作业绩，进而提高企业的整体绩效；实施的主体都是企业，接受者都是企业内部的员工；两者使用的方法也是相同的。但是，两者之间也存在一定的区别。第一，关注点不同，培训关注现在，而开发关注未来。培训更多是一种具有短期目标的行为，目的是使员工掌握当前所需的知识和技能，例如教会一名新工人如何操作机器，教会管理人员如何进行生产调度等，这些都是典型的培训；开发则更多的是一种具有长期目标的行为，目的是使员工掌握将来所需的知识和技能，以应对将来工作所提出的要求。在实践中，培训更多是一种滞后的弥补行为，而开发更多地与员工职业发展联系在一起。第二，培训的内容多与现在的工作内容相关，开发则可能与现在的工作内容联系并不紧密。第三，培训对于工作经验要求更多，而开发主要针对新的工作，对经验要求较少。第四，有些培训活动是员工必须参加的，带有一定的强制性，开发活动则更多与员工的发展意愿相关。虽然培训与开发存在一定的区别，但是从实施过程来看，并没有明显的差异。因此，在后面介绍培训与开发的流程、方法等内容时，我们并没有刻意将两者区分开来，而是放在一起进行介绍。

对培训与开发含义的准确理解，需要把握以下四个要点。

第一，培训与开发的对象是企业的全体员工，而不只是某部分员工。当然这并不意味着每次培训的对象都必须是全体员工，而是说应当将全体员工都纳入培训体系中，不能将有些员工排斥在体系外。

第二，培训与开发的内容应当与员工的工作相关，与工作无关的内容不应当包括在培训与开发的范围内。此外，培训与开发的内容还应当全面，与工作有关的各种内容都要包括进来，例如知识、技能、态度、企业的战略规划、企业的规章制度等。过去，有些企业在进行培训时往往不注意这个问题，只重视"硬内容"的培训，比如业务知识、工作技术等，而忽视了"软内容"，比如工作态度、企业文化等。这里所指的工作既包括员工现在从事职位的工作，也包括将来可能从事职位的工作。

需要强调的是，有些内容虽然不属于培训与开发的范畴，却利用了培训与开发这一手段。例如，企业聘请外部人员给女性员工进行家政服务的培训，这是企业为员工提供的一项福利，是薪酬福利的范畴，内容本身并不属于培训与开发，但它却要借助培训这种形式来实现。

第三，培训与开发的目的是改善员工的工作业绩并提升企业的整体绩效。应当说这是企业进行培训与开发的初衷和根本原因，这也是衡量培训与开发工作成败的根本性标准。如果不能实现这一目的，培训与开发工作就是不成功的。

第四，培训与开发的主体是企业，也就是说培训与开发应当由企业来组织实施。有些活动虽然客观上也实现了培训与开发的目的，但实施主体并不是企业，因此也不属于培训与开发的范畴。例如，员工进行自学，即使同样会改善工作业绩，也不能算作培训与开发；但如果这种自学是由企业来组织实施的，就属于培训与开发。

（二）培训与开发的意义

企业之所以越来越重视培训与开发工作，是因为它具有非常重要的作用和意义，主要表现在以下五个方面。

1. 培训与开发有助于改善企业的绩效

企业绩效的实现是以员工个人绩效的实现为前提和基础的，有效的培训与开发工作能够帮助员工提高他们的知识、技能，改变他们的态度，增进对企业战略、经营目标、规章制度、工作标准等的理解，不断提高工作积极性，从而有助于改善他们的工作业绩，进而改善企业的绩效，这可以说是培训与开发最为重要的意义。尤其是在员工个人的工作绩效低于需要达到的水平时，这种意义就更加突出。

2. 培训与开发有助于增进企业的竞争优势

构筑自己的竞争优势，这是任何企业在激烈的竞争中谋求生存和发展的关键所在。当今时代，随着知识经济的迅猛发展和科学技术的突飞猛进，企业的经营环境日益复杂多变。通过培训与开发，一方面可以使员工及时掌握新的知识、新的技术，确保企业拥有高素质的人才队伍；另一方面也可以营造出鼓励学习的良好氛围，这些都有助于提高企业的学习能力，增进企业的竞争优势。所以，企业要想在激烈的竞争中立于不败之地，就必须重视员工的培训与开发。

3. 培训与开发有助于提高员工的满意度

应当说，员工的满意度是企业正常运转的必要条件之一，而培训与开发则有助于提高员工的满意度。对员工进行培训与开发，可以使他们感受到企业对自己的重视和关心，这是满意度的一个重要方面。此外，对员工进行培训与开发，可以提高他们的知识技能水平，而随着知识技能水平的提高，员工的工作业绩能够得到提升，这有助于提高他们的成就感，这也是满意度的一个方面。

4. 培训与开发有助于培育企业文化

在新世纪竞争日益激烈的市场环境里，企业家越来越意识到文化管理同样是企业管理的一个重要部分。学者的研究表明，良好的企业文化对员工具有强大的凝聚、规范、导向和激励作用，这些对企业来说有着非常重要的意义，因此很多企业在重视规章制度建设的同时也越来越重视企业文化的建设。作为企业成员共有的一种价值观念和道德准则，企业文化必须要得到全体员工的认可，这就需要不断地向员工进行宣传教育，而培训与开发就是其中非常有效的一种手段。

5. 培训与开发有助于增强企业对优秀人才的吸引力

知识经济时代，企业对优秀人才的竞争日趋激烈，而知识员工作为一个特殊的群体，具有特殊的地方，如他们看重发展的机会和自身的进步，因此他们对于企业能否提供培训机会就特别关注。企业如果能够给他们提供相应的培训与开发，就能满足他们的需求，留住这部分员工，并对外部人员产生较强的吸引力。

二、管理人员的培训与开发

（一）管理人员培训与开发的内容

针对不同层次的管理人员，培训与开发内容不同。

基层管理人员培训与开发内容包括：生产管理、沟通技巧、协调技巧、时间管理、计划的制订和实施等。

中层管理干部培训与开发内容包括：人力资源管理、市场营销、沟通技巧、时间管理、执行力培训、协调技巧等。

高层管理人员培训内容包括：宏观战略管理、组织行为学、领导科学、财务管理等。

（二）管理人员培训与开发的形式

管理人员培训与开发的形式有如下十种。

1. 在职开发

大多数管理人员的培训与开发是在工作中进行的。提高实际工作能力，熟悉企业的基本情况，积累管理经验，独立地展示自己的才能，也对下级进行实际的考查。这种方式的优点是：不会使替补训练的人产生不切实际的想法，也不会打击那些未被晋升的人的积极性。缺点是：开发和培训的系统性不足，不全面、不严格；培训和开发昂贵、费时、效率低；只局限于企业内部，对外界的新知识、新思维、新方法吸收不够。这种方式一般不单独使用。

2. 替补训练

替补训练是将每一名管理人员指定为替补训练者，在完成原有责任外，还要求熟悉本部门上级的工作。通过熟悉上级的工作，了解管理工作，从而锻炼管理能力。这种培训与开发方式的优点是：有利于管理的连续性，并且训练周密，管理人员在预定接替的工作环境和职位上工作，为管理人员指明了一条明确的晋升路线，有利于管理人员职业生涯的规划和发展；不会出现因上级管理人员离职而无人管理的现象。缺点是：将打击未被指定替补人员的积极性，引发员工内部的不正当竞争，也使部分上级因害怕被替代而不愿意对替补训练者进行培养；也容易导致培训开发只局限于企业内部，对外界的新知识、新思维、新方法吸收不够；培训与开发比较分散。

3. 短期理论学习

短期理论学习是提高管理人员管理水平和理论水平的一种主要方法。它有助于提高受训员工的理论水平，了解某些理论的最新发展动态，并在实践中及时运用一些最新的管理理论和方法。主要方式是把管理人员集中数天、数周，按照明确的管理培训课程进行集中培训与开发。短期学习经常是委托专业培训机构、商学院进行的。优点是管理人员能够在短时间里集中精力学习，短时间内提升快，学习内容集中，学习有针对性；缺点是管理人员需要脱离工作一段时间，而且学习内容与工作联系不是很紧密。这种培训与开发方式适合于专项学习。

4. 职务轮换

职务轮换是受训管理人员在不同部门的不同主管岗位或非主管岗位上轮流工作，使其全面了解整个企业的不同岗位的工作内容，获得不同的工作经验，为以后晋升高层次管理岗位做准备。职位轮换有三种情况：非主管工作的轮换、主管职位间轮换、事先未规定的主管职位间轮换。

（1）非主管工作的轮换

即管理人员在企业的基层第一线进行轮岗。通过这种轮换，使受训员工了解企业最基层的各类业务活动、工作流程；了解基层非主管人员的工作情况和精神状况。优点是：受训管理人员能够了解企业的各种业务活动、工作流程，密切与基层员工的关系。不足是：时间不好控制，时间长了费用太大，也会影响受训者的积极性；时间短了，不容易了解和把握各类业务活动的实质，达不到培训的目的。这种培训与开发方式在中国企业使用较多。

（2）事先未规定的主管职位间轮换

这种培训与开发方式，事先未规定受训管理人员到哪个主管岗位轮换和轮换时间，根据受训主管人员的具体情况，来确定轮换岗位和时间长短。这种轮换方式需要培训主管部门制订一个计划和监控措施，经常对受训人员的情况进行评估，调整轮换岗位。不足之处是受训管理人员对培训工作无明确的时间划分，有时候影响工作安排。

（3）主管岗位间轮换

即受训人员在同一层次的各个不同部门的主管岗位上轮换。目的是使受训管理人员在不同的岗位上根据各个部门的不同特点，学习实际管理经验，积累不同部门的管理经验，全面提高管理技能。优点是：可以开阔受训管理人员的视野，培养全面管理能力。缺点是：轮换可能会影响到各个部门的相对稳定性，各个部门轮换时间也不好控制；轮换中的管理人员缺乏管理权限，不承担真正进行管理工作时所负的责任，不能完全考查出受训人员的管理能力。

岗位轮换的目的有：使管理人员学会按照管理的原则从全局而不是从岗位方面来思考问题；培养管理人员全面管理的能力和技巧。

5. 决策训练

决策训练即解决问题和处理问题的方法训练，让受训管理人员正确地掌握决策的步骤，如提出问题、提出假设、收集数据、制订方案、分析方案、选择方案、测定结果。这种培训与开发方法重在逻辑推理、数学模型、计算机和创造力分析等方面进行探索，目的是提高决策的有效性，使受训管理人员形成科学的决策思维习惯和模式。缺点是模型下的决策相对理想化，在实际操作中需要结合企业和行业的实际情况进行相应的校正。

6. 决策竞赛

培训中模拟出企业管理中常常发生的各种事件，让参加者做出决策。决策竞赛经常由许多人分成小组，由小组做出决策，各组之间展开比赛，看谁的决策效果最佳。提高决策竞赛培养受训人员的思维能力、决策能力。

目前，国际上流行一种决策竞赛是 GMC（国际企业管理挑战赛）。竞赛的规则是：首先假定当前的经济条件、市场状况、生产设备、人员和资金情况，在指定的时间内，要求参赛者就销售、研发、人事、生产设备、服务等方面如何运用资金做出决策。决策被记录在专门的表格上并提交给裁判，由裁判输入计算机，计算机经过模拟运行后输出结果，包括新的市场供求状况、各小组（公司）的股价变化情况。结果反馈给参赛者，让他们做出新的决策。如此循环，一般经过 30 轮左右的比赛确定胜负，整个比赛持续一年左右的时间。通过比赛，受训员工培养了在多种变化情况下的决策能力、协调能力、沟通能力等。

7. 角色扮演

角色扮演是管理人员培训与开发中常用的方法。角色扮演前，先要构造出一个类似于日常管理工作的特定情景，受训者被要求将自己假设为该特定情景中的一个角色，然后受训者在角色扮演中扮演和发展这个角色的行为，常应用于商业沟通、企业伦理、战略管理、多方谈判、环境问题管理、跨文化沟通等内容的培训。角色扮演是主动学习方法，通过让受训者扮演某一特定情景下的角色，营造出使受训者主动参与的学习环境，能促使受训者在特定情景的模拟中主动地投入学习活动，有助于受训者理解在解决或评价管理问题时所遇到的各种人际关系。角色扮演适合于学习和探索组织的人际心理因素的作用，通过角色扮演可以到达三种目的：一是使初学者获取其职业发展所需要的人际沟通技能与经验。二是探索现代组织中人际关系因素的相互作用。三是探索企业或组织机构制定决策的过程及其规律。角色扮演要成功，需要指导教师具备较强的指导与控制能力。

8. 敏感性训练

敏感性训练是直接训练管理人员对其他人的敏感性。因为管理人员必须通过他人来完成任务，要想工作上取得成功，就必须重视自己的上级、下级、同事的情感、态度和需求。敏感性训练经常准备有成套的边听边看的课程，并设计一些活动，让学员在相互影响的实践中，亲自体验相互影响是怎样进行的。敏感性训练强调的不是训练的内容，而是训练的过程；不是思想的训练，而是感情上的体验。这种培训方式需要受训人员认真体会，从内心深处产生共鸣，使自己以后在工作中利用正确的方式调动周围人员的积极性，共同完成生产、经营目标。

9. 跨文化管理训练

跨文化管理训练主要是跨国公司管理人员培训的重要内容，随着经济全球化进程的加快，这是企业跨国经营、发展的需要。培训的目的是让受训人员了解并尊重各国不同的文化、价值观念，使员工树立一种观念，即"各种文化没有好坏之分，只是各不相同，我们必须理解和尊重各自的文化"。在日常的管理工作中，与各国员工和平共处、顺利沟通、充分合作，共同完成企业的经营目标和发展。培训的方式有授课、讨论、观看录像，有条件的出国亲身体验。

10. 企业大学

企业大学又称公司大学，是指企业出资，以高级管理人员、一流商学院教授及专业培训师为师资，通过实战模拟、案例研讨、互动教学等实效性教育手段，对内部员工或外部合作伙伴进行企业文化培训、战略宣导、知识更新及工作能力开发，满足员工终身学习需要的一种新型教育、培训体系。

企业大学是公司为了应对不断变化的内外部环境，增强竞争优势而采取的战略，在国际上比较流行。据统计，世界500强企业中已有80％以上建立了自己的企业大学。一系列实践证明，企业大学是创建学习型组织十分有效的手段，有助于企业提升管理效益。

企业大学的雏形是 1972 年通用汽车创建的 GM 学院，20 世纪 90 年代得到快速发展。中国的企业大学建设起步较晚，到 20 世纪 90 年代由摩托罗拉、西门子等外资企业引入这一全新的培训理念和形式。随着经济实力的增强及全球化竞争压力的增大，很多企业效仿跨国公司建立了自己的企业大学。据统计，中国企业建立的企业大学已超过 1000 所。

综观中外企业大学，根据不同的标准有不同的分类方法。下面按照两种维度进行分类：

（1）根据企业运营的内在特点和企业大学教学的主导内容，可分为：①生产技能型；②服务沟通型；③科技创新型。

（2）按照创建模式分类，可分为：①自主创建型；②校企合作型；③IT 导入型。其特点包括大学性、企业性、针对性、虚拟性和合作性。

三、培训的组织管理工作

（一）培训中的控制管理

管理控制是为了预防可能发生的组织、管理、实施过程中出现偏差，保证管理工作的效果和质量。培训中的控制管理是保证培训工作按计划顺利进行，实现培训目的，提高和改善培训效果的保证。为了减少培训所造成的损失，及时纠正错误，培训中的控制管理采用阶段性控制和主动控制，在培训工作的各个阶段引进控制管理，以保证培训工作的顺利开展。具体来讲，就是在培训需求确定、培训目标确定、培训实施、培训的考核和评估等四个阶段实施控制管理。

1. 培训需求确定阶段的控制

是否准确地确定培训需求直接影响着培训成本和效果，也是培训工作开展的第一个环节。在对培训需求进行确定时，应该进行控制管理，要求与培训工作有关的各个方面人员共同确定培训需求，即人力资源部培训主管、培训组织部门的组织者及其直接上级、岗位任职人员、直接主管上级、各级领导都参与到培训需求的工作中，共同确定培训需求，从而准确地确定培训需求，预测培训需求，制订培训计划。

2. 培养目标的确定和控制

在准确地确定了培训需求后，接着需要正确地确定培训的目标。在确定培训目标时，也需要进行控制管理。要求与培训工作有关的各个方面人员共同确定培训目标，即人力资源部培训主管、培训组织部门的组织者及其直接上级、岗位任职人员、直接主管上级、各级领导都认真确定培训目标，既要考虑员工的培训需求、员工的工作现状，同时需要结合培训的方式和方法、培训经费的预算，确定合理的培训目标，切忌目标过高或过于理想化。

3. 培训实施过程的控制

培训计划和培训目标都是通过具体的培训工作来实现的，在培训实施过程中，需要依据培训计划对培训的开展进行控制。控制内容主要有培训完成质量的控制、培训时间的控制、问题和反馈控制、受训员工出席培训课程的状况的控制、培训费用的控制等方面。

4. 培训考核和评估的控制

对培训考核和评估的控制是事后控制，虽然对本次培训过程没有实用价值，但对以后培训工作的提高具有重要意义，而且也可以对人力资源的其他相关工作提供有用的信息。培训考核和评估的控制主要是严格按培训计划中的考核方式和方法进行考核、认真收集培训的有关信息、认真地进行考核评估、正式渠道公布培训考核结果并实施适当的奖惩办法。企业应该重视对培训考核和评估的控制工作，形成对培训考核和评估重视的氛围，以便在以后的培训工作中，受训员工和相关领导积极、严格地按培训要求参与培训工作，增强培训效果。

（二）培训师的选择和培训

培训计划的落实由培训师通过各种活动组织完成，培训师的知识面、业务熟悉程度、培训技能和技巧、个人魅力等方面影响着培训效果的好坏，所以对培训师的选择和培训是培训工作的重要内容。

1. 培训师的来源

培训师主要有两大来源：企业外部聘请和内部培训。这两种来源各有利弊，培训组织者应根据企业的实际情况，确定适当的内部培训师和外部培训师的比例，增强培训效果。

（1）外部聘请培训师

企业外部聘请培训师主要是高等学校的专业教师、专门培训结构的培训教师和其他企业的行业专家。优点是：这类培训师理论水平高；擅长组织培训活动、幽默风趣；培训师能给企业带来许多新的理念；企业选择范围大；对受训对象有一定的吸引力。缺点是：培训费用较高，而企业对这类培训师了解不是很全面。

（2）内部培训师

内部培训师主要是人力资源部培训主管、企业的管理人员和业务专家。优点是：他们对企业文化、企业环境、培训需求、企业员工现状比较了解，能为受训员工带来大量的第一手的经验和知识；培训费用也比较低（多数费用包含在工资中），而且培训时间好安排；培训相对易于控制。缺点是：培训业务技巧可能比外部聘请培训师要差一些；企业对培训师的选择有限；培训师看问题有一定的局限性。

2. 培训师的选择标准

培训师必须具有较高的素质，才能适应培训教学的需要。企业在选择培训师时，虽然不能面面俱到，但可以参照以下标准进行：

（1）拥有培训热情和教学愿望，对培训有热情和兴趣；具有培训授课经验和技巧；能够熟练运用培训中的培训教材与工具。

（2）具有良好的交流与沟通能力、组织能力、互动能力、表演能力、场面控制能力，能很好地组织培训活动。

（3）善于在课堂上分析问题、解决问题，帮助学员解决工作中的难题；具有引导学员自我学习的能力和启发学员进行思维的能力。

（4）对培训内容所涉及的问题应有实际工作经验；积累与培训内容相关的案例与资料，充分挖掘学员工作中的案例。

（5）具备经济类、管理类和培训内容方面的专业理论知识，全面熟悉企业人力资源管理的相关内容。

（6）了解、熟悉、掌握培训内容所涉及的一些相关前沿问题，具有敏锐的洞察力、较强的学习能力和创新能力；充分了解当前国内外的宏观经济形势。

3. 培训师的培训

（1）培训培训师的意义

基于培训师对培训工作圆满完成的重要性，企业应该培训培训师。培训培训师有如下作用：

①给知识：传授知识、传授经验。

②给系统观念：新观念是旧元素的新组合，价值在于给出系统化的新思路。

③给思想：思想方法决定行为方式，培训师的行为包含着自己独特的思想理念，传达给学员。

④给体验：互动交流中，把自己的心得体会带给学员，共同创新。

（2）培训培训师的内容

①培训授课基本技巧。授课的基本技巧包括语言的使用技巧、体态、教材的编写、教

学环境的布置、时间掌控技巧、授课进度的掌控技巧、课堂氛围的营造技巧、课间游戏设计和使用、授课的开头与结尾、课间提问技巧和答问技巧等内容。

②教学工具的使用培训。对培训工作中经常使用的投影仪、幻灯机、录像机、摄像机等工具操作使用的培训。

③培训内容的培训。针对不同来源的培训师进行相应培训内容的培训。对外部聘请的培训师进行企业的实际情况如企业文化、规章制度、工作流程等内容培训；对内部培训师进行专业的理论新动向或新技术等知识的培训。

④其他与培训工作有关的专业知识培训。为了让培训师正常开展工作，可以对培训师进行如企业内部战略规划、企业内部对象层次划分、培训管理等专业方面的培训。

⑤培训师职业道德的培训，如职业信条、职业操守、培训师的主要职责、历史使命等。

（3）培训师培训的方法

对培训师的培训可以参照前面谈到的培训方法进行，如脱产培训（参加人力资源管理方向的脱产学习）、在职培训（利用业余时间参加培训）、自学（直接主管指定学习资料，培训师自我学习）等。

（三）培训的成本管理

1. 培训成本预算

培训成本预算就是对培训项目进行成本—收益分析，主要是利用会计方法决定培训项目的经济收益的过程，从成本和收益两个方面进行考虑。

培训成本有直接成本和间接成本。主要有培训师费用、交通费用、培训项目管理费用、培训对象受训期间工资福利、培训中的各种开支、员工因参加培训代替他们工作的临时工的成本或产生的损失。

企业在进行成本预算时，要考虑如下因素：

（1）参加培训员工的数量和层次。

（2）每期有多少员工同时离岗培训？离岗时间多长？

（3）员工离开岗位，部门主管安排其他同事代替是否要额外支付报酬？整个培训项目中总共多少？

（4）培训师与受训员工的最佳比例是多少？最多可以容纳多少员工受训但不影响培训效果？

（5）参加培训计划的人员成本、设施费用、培训地点费用等。

（6）培训从计划设计、安排、协调、实施到培训评估所需要的时间、人力、物力。

（7）培训在哪些方面会产生直接和间接的效益，直接效益的计算方法。

（8）培训成本分担期限的界定及人数或成本中心的计算方式应合理确定。

（9）培训计划是企业自己设计还是参加企业外部专门培训结构的培训，或购买现成的训练套装，与培训人数、次数、培训目的、培训目标有关。

2. 计算培训成本

培训成本的计算有很多方法，目前比较常用的是资源需求模型计算法和会计计算法。

（1）资源需求模型计算法

该方法是通过对培训各个阶段（培训需求调查、培训项目设计、实施、培训评估）所需的设备、设施、人员和材料的成本的计算，得到整个培训总成本。该方法有助于明确不同培训项目成本的总体差异，以及不同阶段的成本。也可以利用该数据对培训的不同阶段进行调整。

（2）会计计算法

该方法是对培训过程中的各种成本利用会计方法进行计算，从而确定培训成本。计算的成本有培训项目开发或购买成本、向培训师和受训员工提供的培训材料成本、培训设备和硬件成本、设施成本、交通及住宿和用餐成本、受训员工及辅助人员工资、员工参加培训而损失的生产效益等。会计计算法计算培训成本浅显易懂，也便于掌握和操作，是运用比较多的计算方法。

3. 培训收益的估算

培训的收益有些是显性的，但大部分是隐性的、长远的。主要有时间效益（培训使员工任务完成的单位工作时间缩短）、质量效益（完成任务的质量的提高）、成本效益（因培训而减少受训员工的师傅及岗位领导辅导其工作期间的工资、奖金、补贴的减少）、经济效益（因培训提高了生产率、生产量、销售量而产生的经济效益的提高）、战略效益（培训为企业中远期的发展打下了智力基础，提高了员工的素质，增加了企业的整体工作效益和质量，增强了企业的生产竞争力和核心能力）等。培训收益的确定方法有：

（1）运用技术、科学研究及实践证实与特定培训计划有关的收益。

（2）在企业大规模投入资源之前通过试验性培训，评价一小部分受训者所获得的收益，从而推算整个培训的收益。

（3）通过对成功工作者的观察，帮助企业确定成功与不成功的工作者的绩效差异，从而判断培训产生的收益。

培训收益多数情况下是定性的收益，定量的收益相对少一些。

(四) 培训效果评估

1. 培训效果评估机制的建立

培训效果的评估是所有培训工作的难点，从战术角度而言，问题常源自培训效果的测试难度。

因此，建立科学的效果评估机制必须从以下两个方面入手。

(1) 合理的评价指标体系

企业可以建立全面、科学的三级评价指标体系：一级评价的对象包括员工个人，该级指标主要包括员工参加培训的态度、考试或考核的成绩等，评价的结果应与员工的晋级及绩效工资直接挂钩；二级评价的对象是职能部门或分公司，该级指标主要包括各职能部门或分公司对培训的参与、支持程度及参训人员在培训中的表现及所得到的评价等，该级的评价结果则与部门的绩效奖金、部门领导的绩效评价相挂钩；三级评价的对象是整个公司，该级指标是公司整体培训效果。评价时应把定性评价与定量评价、短期评价与长期评价结合起来，同时采用联席评价会议的方式进行。该级评估结果仅作为公司的下一步培训改进借鉴之用，并作为公司档案保存，而不与任何单位、部门与个人的利益相挂钩。

(2) 评估方式的正确选择

采用的评估方式主要有四种：后测、前后测、后测加对照组、前后测加对照组等。评估方式的选择不是任意的，应根据企业进行评估的目的选择。若评估目的是比较两个项目的效率或判断员工培训前后技能的变化，则采用相对严谨但费用较大的前后测加对照组；若为了测试培训成果转化后的职业行为是否达到绩效水平，则只需选择较便捷和节省费用的后测方案即可。总之，应尽量考虑到效果与效率。

2. 培训效果有关的信息种类

进行培训效果的评价，必须进行培训效果相关信息的收集，一般收集下面这些信息：

(1) 培训及时性方面的信息，即培训的实施与需求在时间上是否相对应。

(2) 培训目的和目标设置方面的信息，即培训目的和目标是否能真正满足培训需求。

(3) 培训内容设计方面的信息，即培训内容是否能达到培训目的，适合受训员工的培训需求。

(4) 培训教材选用与编写方面的信息，即培训教材是否符合培训的需求，教材内容的深度和细致程度能否被受训员工接受，培训资料的印刷质量是否符合要求。

（5）培训师选配的信息，即培训师能否有能力完成培训工作，对受训员工基本情况、企业所在的行业情况和企业的基本情况是否熟悉，是否具有教学组织能力。

（6）培训时间的安排信息，即培训时机的选择是否得当、培训的具体时间安排和培训时间的长度是否合适。

（7）培训场地选择的信息，即培训场地是否适合培训的内容、形式、方法和经费预算。

（8）受训对象确定的信息，即受训对象是否是真正需要培训的员工，受训对象的层次选择是否恰当。

（9）培训形式选择方面的信息，即培训形式是否与培训内容、经费预算相符。

（10）培训的组织和管理方面的信息，即培训的后勤服务、培训整个组织和协调工作情况。

3. 企业培训效果评估结果的应用

企业对培训效果评估的结果可以用于以下三个方面：

（1）总结经验教训，改进培训工作。

（2）反馈培训结果，提高组织绩效。

（3）宣传培训成果，争取更多支持。

员工培训是现代组织人力资源管理的重要组成部分，人是现代企业中最重要、最活跃的生产要素。培训是一项长期性的工作，要配合企业战略的落实，按需施教、学以致用，将考核与奖惩相结合，兼顾培训工作的经济性。培训可以按培训对象、培训与工作岗位关系及培训方式进行分类。根据受训者在培训活动中是否处于主体地位和培训进行的地点可以将培训分为课堂讲授培训、现场培训、自学，各种形式又有很多具体的方式。培训的方法有很多，常用的有管理案例法、课堂讲授法、研讨法、模拟法、实践法、游戏法等。

要完成一次培训工作，要经过培训需求分析、培训方法设计、培训资料开发、培训实施、培训工作评估等五个步骤。培训管理主要从培训中的控制管理、培训师的选择和培训、成本管理、效果评估四个方面进行。

管理人员的培训是企业员工培训中的重点内容之一，主要分为基层管理人员、中层管理人员、高层管理人员培训，各个层次培训内容不同。常用的培训方法有在职开发、替补训练、短期理论学习、职务轮换、决策训练、决策竞赛、角色扮演、敏感性训练、跨文化管理训练等。

第五章 薪酬管理与绩效管理优化

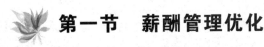

第一节 薪酬管理优化

一、薪酬管理概述

（一）薪酬的概念

在人力资源管理中，人们对薪酬概念的界定比较宽泛，对薪酬的理解也存在差异。米尔科维奇和纽曼在《薪酬管理》一书中，把薪酬定义为：雇员作为雇佣关系中的一方，所得到的各种货币收入及各种具体的服务和福利之和。马尔托奇奥认为，薪酬是指雇员因完成工作而得到的内在和外在的报酬。薪酬实际上是指员工因为被聘用而获得的各种形式的支付报酬。

在日常生活中，人们通常将薪酬、报酬、工资等概念混用，事实上，这些概念还是有区别的。报酬（Reward）：在通常情况下，我们将员工为某个组织工作而获得的各种他认为有价值的东西，统称为"报酬"。报酬可以分为经济报酬和非经济报酬，薪酬则属于经济报酬。工资（Wage）：在国外，工资的主要支付对象是从事体力劳动的蓝领工人。根据我国相关的法规和政策，工资是指用人单位依据劳动合同的规定，以各种形式支付给劳动者的工资报酬，包括计时与计件工资、奖金、津贴和补贴、加班加点费、特殊情况下支付的工资。

个人收入（Personal Income）：通常简称为"收入"，指个人通过各种合法途径获得的收入总和，包括工资、租金收入、股利股息及社会福利等。

（二）薪酬构成

薪酬的构成内容很多，并通过不同形式体现出来，主要包括基本薪酬、绩效薪酬和间接薪酬等三种形式。基本薪酬对应基本工资，绩效薪酬对应奖金和分红，间接薪酬对应津贴、补贴和福利等。薪酬各部分的构成、功能及特征具体如下所示：

1. 基本薪酬

基本薪酬，又称"基本工资"，是维持员工基本生活的工资。它一般以岗位工资、职务工资、技能工资、工龄工资等形式表现，不与企业经营效益挂钩，是薪酬中相对稳定的部分。基本薪酬的变动一般取决于三个因素：一是总体生活费用的变化或者通货膨胀的程度；二是劳动力市场上同质劳动力的基本薪酬变化；三是员工在工作中拥有的知识、技能、经验的变化及相应的绩效变化。

此外，企业所处的行业、地区及市场占有率等都会影响员工的基本薪酬水平。越来越多的企业在员工的基本薪酬中加入了绩效薪酬部分，绩效薪酬又称"绩效加薪""奖励工资"，是企业对员工过去令人满意的工作行为及业绩的认可。绩效加薪通常与企业的绩效管理制度紧密相连。

2. 可变薪酬

可变薪酬是薪酬构成中与员工绩效直接挂钩的经济性报酬，有时又称为"浮动薪酬""奖金"。其中的绩效既可以是员工个人的绩效，也可以是团队或组织的绩效。可变薪酬体现的是员工超额劳动的价值，具有很强的激励作用。可变薪酬与绩效加薪不同：一般情况下的绩效加薪具有累积作用；而可变薪酬不存在累积作用，绩效周期结束后，奖金兑现完毕，员工必须重新努力工作才能获得新的绩效奖励。

3. 间接薪酬

间接薪酬主要指员工福利（包括员工服务）。与基本薪酬和绩效薪酬不同，间接薪酬一般不以员工的劳动情况为支付依据，而以员工作为组织成员的身份来支付，是一种强调组织文化和组织凝聚力的补充性报酬。

（三）薪酬体系

薪酬体系是组织人力资源管理系统中的一个子系统，它向员工传达了在组织中什么是有价值的，为组织向员工支付报酬制定了政策和程序。一个设计良好的薪酬体系能直接与组织战略规划相联系，使员工努力将行为集中到帮助组织生存发展并获取竞争优势的方向。当前通用的薪酬体系主要有职位薪酬体系、技能薪酬体系和能力薪酬体系。

1. 职位薪酬体系

职位薪酬体系是在对职位本身价值做出客观评价的基础上，根据职位评价结果赋予该职位上工作的人与该职位价值相当薪酬的薪酬体系。

职位薪酬体系具有以下优点：体现了同工同酬、按劳分配的原则；按职位体系进行薪酬管理，操作比较简单，管理成本较低；职务晋升与薪酬增加密切关联，以激励员工不断提高技术、能力及工作绩效。

职位薪酬体系存在以下问题：薪酬与职位直接挂钩，当员工晋升无望时，工作积极性会受挫，甚至出现消极怠工或离职的现象；职位的相对稳定决定了员工薪酬的相对固定，不利于动态激励员工。

2. 技能薪酬体系

技能薪酬体系是指组织根据员工所掌握的与工作有关的知识、技术、能力及拥有的经验等来支付基本薪酬的一种薪酬体系。

技能薪酬体系具有以下优点：激发员工的进取精神，增强企业技术创新能力；引导组织结构的合理调整及组织价值观的变化；有利于专业技术人员的稳定与发展。

技能薪酬体系存在以下问题：员工对培训的要求较高，培训资源投入、培训需求确定等都会成为问题；成本较难控制，如果员工技能模块的界定与组织战略需求不相符合，则员工的技能会被闲置和浪费；实施难度大，技能薪酬体系存在设计难、管理难、人与岗位匹配难等问题。

3. 能力薪酬体系

能力薪酬体系是指企业根据员工所具备的能力或是任职资格来确定基本的薪酬水平，该体系对人不对事。能力薪酬体系一般基于一定的假设，员工的能力直接决定其所创造的价值，因此，支付给员工的报酬应当由员工能力决定。在能力薪酬体系中，基于岗位的能力占据比重较大，员工的能力与职位的晋升及薪酬待遇等有着直接的联系。同时，该体系体现了能力较强的员工可能产生更高的工作绩效，因此，员工的能力越高、获得的薪酬越高，待遇越好，管理者更关注于因员工能力的提升而带来的价值增值。

二、薪酬制度设计

（一）基本原则

1. 公平性原则

公平性原则基于公平理论，认为公平是激励的动力，人们能否受到激励，不仅在于是否得到了什么，还在于所得是否公平。企业的薪酬政策应该让人感觉是公平公正的。公平性原则是设计薪酬体系和进行薪酬管理的首要原则。

必须说明，公平一般只是员工的主观判断，不同员工的判断结果可能差别很大，公平总是相对的。

2. 竞争性原则

在社会主义市场经济中，企业的薪酬标准只有具有吸引力，才能战胜竞争对手，引进所需人才。企业究竟应将薪酬水平定位在市场价格的哪一标准上，要根据企业财力、所需人才的具体条件而定，企业核心人才的薪酬水平通常不能低于市场平均水平。竞争性原则强调企业在设计薪酬时必须考虑到同一地区和行业劳动力市场的薪酬水平及竞争对手的薪酬水平，保证企业的薪酬水平在一定的市场范围内具有相对的竞争力，能充分地吸引和留住企业发展所需要的人才。

3. 激励性原则

企业要在内部各类、各级职务的薪酬水平上适当拉开差距，真正体现按劳分配、按贡献分配的原则。激励性原则是指通过薪酬来激发员工的工作积极性，提高个人绩效，从而让员工为组织做出更大的贡献。对组织贡献大的人理应获得高水平的薪酬，而对组织贡献小的人只能对应获得较低水平的薪酬，从而适当拉开薪酬分配的差距，不搞平均主义。

4. 合法性原则

合法性是企业薪酬管理最基本的前提，它要求企业实施的薪酬制度必须符合国家、地区的法律法规、政策条例等要求，如不能违反最低工资标准等规定。由于我国法制体系处于不断充实完善的阶段，目前立法与司法的正规性、完备性、成熟性及严格性与西方发达国家相比还有差距，有待于充实及完善。

（二）薪酬制度设计流程

对于任何一家企业来说，薪酬管理制度都非常重要。支付薪酬水平过高可能会给企业造成浪费，而支付薪酬水平太低又会导致企业不能吸引和留住人才。此外，不具有公平性的薪酬制度会挫伤员工的积极性。那么，如何制定一套相对合理的薪酬制度呢？在实践中，制定薪酬管理制度的工作流程一般包括以下三个方面：

1. 工作分析与评价

工作分析是企业人力资源管理的重要基础和必要前提，它是对企业各个岗位的设置目的、性质、任务、职责、权力、隶属关系、工作条件、劳动环境及员工就任该岗位工作所需要的知识技能、学历背景、工作经验等资格条件的系统分析和研究，并制定出岗位规范和工作说明书的过程。工作评价是在岗位分析的基础上，对岗位的工作难易程度、责任大小等进行的价值评价，使薪酬水平与工作价值相挂钩，从而为员工薪资调整、制定公平合理的薪酬标准提供依据。

2. 薪酬调查

薪酬调查就是通过一系列标准、规范和专业的方法，对市场上各职位进行分类、汇总和统计分析，形成能够客观反映市场薪酬现状的调查报告，为企业薪酬制度的设计提供参考依据。薪酬调查是薪酬设计的前提和基础，重点解决的是薪酬的外部公平问题与薪酬竞争力问题。薪酬调查报告能够帮助企业有针对性地规划薪酬内容与标准。

确定员工薪酬水平时要把握好度，既不能因为多支付薪酬而增加组织总成本，也不能因为少支付薪酬而无法保证组织所必需的员工数量与质量。企业通过薪酬调查可以了解市场薪酬水平的25%、50%和75%等点位，薪酬水平高的企业应注意市场75%点处甚至是90%点处的薪酬水平，薪酬水平低的企业应注意25%点处的薪酬水平，一般的企业应注意50%点位（中点处）的薪酬水平。

薪酬调查一般可分为四个步骤，即确定调查目的、确定调查范围、选择调查方式、整理和分析调查数据。

（1）确定调查目的

人力资源部门应该首先弄清楚调查的目的和调查结果的用途，再开始制订调查计划。一般而言，调查的结果可以为以下工作提供参考和依据。例如，企业总体薪酬水平的调整、薪酬结构的调整、薪酬改革政策的制定、某些具体岗位薪酬标准的调整等。

（2）确定调查范围

根据调查的目的，可以确定调查的范围。调查范围的确定主要涉及以下问题：需要对哪些企业进行调查？需要对哪些岗位进行调查？需要调查岗位的哪些内容？调查的起止时间和控制办法？

（3）选择调查方式

确定了调查的目的和调查范围后，就可以选择调查方式。薪资调查主体主要有政府部门、专业调查公司和企业三种。一般来说，首先可以考虑企业之间的相互调查。企业人力资源部门可以与相关企业人力资源部门联系，或者通过行业协会等机构的联系，使薪酬调查得以开展。若无法获得相关企业的支持，可以考虑委托社会上的专业机构进行调查。

随着薪酬调查不断发展并为企业所接受，薪酬调查的方法也不断发展，现在比较常用的有问卷调查法、面谈调查法、文献收集法和电话调查法等。每一种方法都有优点和不足，企业可以根据自身特点、调整目的、时间和费用等要求采取不同的调整方法。如果采取问卷法要提前准备好调查表。如果采取座谈法，要提前拟好问题提纲。

（4）整理和分析调查数据

调查完成后，企业要对收集到的数据进行整理和分析。在整理中要注意将不同岗位和不同调查内容的信息进行分类，同时要注意剔除错误的信息。最后，根据调查的目的，有针对性地对数据进行分析，形成最终的调查结果。

3. 薪酬管理决策

薪酬管理过程中最为重要的决策主要有四类。

（1）薪酬体系决策

薪酬体系决策的主要任务是明确企业确定员工基本薪酬的基础，是采用职位薪酬体系，还是技能薪酬体系或者能力薪酬体系。如前所述，每种薪酬体系都有优势和不足，企业必须根据自己的情况做出选择，也可针对不同的员工类别建立不同的薪酬体系。

（2）薪酬水平决策

薪酬水平是指企业内部各类职位或人员的平均薪酬状况，反映了企业薪酬的外部竞争性。可以看出，在传统的薪酬水平概念中，人们更关注的是企业整体薪酬水平，而现在人们更关注比较同一企业的不同职位之间或者不同企业的同类人员之间的薪酬水平，而不仅仅是企业的平均薪酬水平。由于市场竞争的加剧，企业更强调在产品和劳动力市场上的开放性和灵活性，更关注薪酬外部竞争性而非企业内部薪酬一致性。

（3）薪酬结构决策

薪酬结构决策是指在同一组织内部，一共有多少个基本薪酬等级及相邻的两个薪酬等级之间的薪酬水平差距。

在企业总体薪酬水平一定的情况下，员工对企业的薪酬结构是非常关注的，这是因为薪酬结构实际上反映了企业对职位和技能价值的看法。一般来说，企业可以通过正式或非正式的职位评价及外部市场薪酬调查来确保薪酬结构的公平性和合理性。

（4）薪酬管理政策的决策

薪酬管理政策主要涉及企业的薪酬成本与预算控制方式及企业的薪酬制度、薪酬规定和员工的薪酬水平保密等问题。薪酬管理政策必须确保员工对薪酬体系的公平性看法及薪酬体系有助于组织和员工个人目标的实现。

4. 薪酬管理制度的实施与调整

薪酬管理制度确定后，人力资源管理部门需要将其贯彻落实，并且在实践中不断进行调整，使薪酬管理制度更好地发挥作用。

三、人工成本核算

（一）人工成本构成与影响因素

1. 人工成本的概念

企业人工成本也称"用人费用""人工费用""人事费用"，是指企业在生产经营活动中用于支付给员工的全部费用。它包括从业人员劳动报酬总额、社会保险费用、福利费用、教育费用、劳动保护费用、住房费用和其他人工成本等。可以看出，人工成本并不仅仅是企业成本费用中用于人工的部分，还包括企业税后利润中用于员工分配的部分。

2. 人工成本的构成

按我国相关文件规定，人工成本由以下七个部分构成。

（1）员工工资总额

员工工资总额指各单位在一定时期内，以货币或实物形式直接支付给本单位所有员工的劳动报酬总额，包括在岗员工工资总额，聘用、留用的离退休人员的劳动报酬，人事档案关系保留在原单位的人员劳动报酬，外籍及港澳台人员劳动报酬。

在岗员工工资总额是指企业在报告期内直接支付给在岗员工的劳动报酬总额，包括基础工资、职务工资、级别工资、工龄工资、计件工资、奖金、各种津贴和补贴、加班加点工资、特殊情况下支付的工资等。

（2）社会保险费用

社会保险费用是指企业按有关规定为实际使用的劳动力缴纳的养老保险、医疗保险、失业保险、工伤保险和生育保险费用，包括企业上缴社会保险机构的费用以及另外为员工支付的补充养老保险或储蓄性养老保险，支付给离退休人员的其他养老保险费用。此项人工成本费用只计算用人单位缴纳的部分，个人的缴费已计算在工资总额内。

（3）员工福利费用

员工福利费用是在工资以外按照国家规定开支的员工福利费用，主要用于员工的医疗卫生费、员工因公负伤赴外地就医路费、员工生活困难补助、集体福利事业补贴（包括员工食堂、托儿所、浴室、卫生室等集体生活福利设施，文化宫、图书室、体育场、游泳池、老年人活动中心等文化福利设施）、物业管理费、员工上下班交通补贴。

（4）员工教育费用

教育费用是指企业为劳动力学习先进技术和提高文化水平而支付的培训费用。员工教育费用包括就业前培训、在职提高培训、转岗培训、外派培训、职业道德培训等培训费用和企业自办职业技术院校等费用及职业技能鉴定费用。

（5）劳动保护费用

劳动保护费用指企业购买、员工实际使用的劳动保护用品的费用支出，如劳动保险用品、工作服、保健用品、取暖或降温用品等。

（6）员工住房费用

员工住房费用指企业为改善员工居住条件而支付的费用，包括员工宿舍的折旧费（或为员工租用房屋的租金）、企业缴纳的住房公积金、实际支付给员工的住房补贴、住房困难补助及企业住房的维修费和管理费等。

（7）其他人工成本费用

其他人工成本费用包括工会经费，企业招聘员工的实际花费，外聘人员的劳务费，对员工的特殊奖励（如创造发明奖、科技进步奖等），支付实行租赁、承租经营企业的承租人、承包人的风险补偿费等，解除劳动合同或终止劳动合同的补偿费用。

（二）人工成本的核算

1. 核算人工成本的指标

（1）核算人工成本的基础指标

核算人工成本的基础指标包括企业从业人员年平均人数、企业从业人员年人均工作时数、企业销售收入（营业收入）、企业增加值（纯收入）、企业利润总额、企业成本（费用）总额、企业人工成本总额等。

①企业从业人员年平均人数

本指标按国家统计局规定的范围和方法进行统计，在岗员工年平均人数单列其中。

②企业从业人员年人均工作时数

本指标核算企业从业人员实际发生的年人均实际工时。核算方法如下所示：

$$企业从业人员年人均工作时数 = \frac{企业年制度工时 \pm 年加班工时 - 损耗工时}{企业从业人员年平均人数}$$

$$(5-1)$$

③企业销售收入（营业收入）

本指标是核算企业在报告期内生产经营中通过销售产品、提供劳务或从事其他生产经营活动而获得的全部收入。销售收入或营业收入可以反映企业在一定时间内的全部销售或产出价值，其中既包括转移价值，也包括新创造价值。

④企业增加值（纯收入）

本指标是核算企业在报告期内以货币形式表现的企业生产活动的最终成果。有两种核算方法：一是生产法。增加值=总产出-中间投入。二是收入法。增加值=劳动者报酬+固定资产折旧+生产税净额+营业盈余。

⑤企业利润总额

本指标是企业在报告期内实现的盈亏总额，反映企业最终的财务成果。

⑥企业成本（费用）总额

本指标核算企业在报告期内为生产产品、提供劳务所发生的所有费用。它在财务损益表上表现为销售成本（直接材料、直接人工、燃料和动力、制造费用）和期间费用（销售费用、管理费用和财务费用）的本年累计数。

⑦企业人工成本总额

本指标反映企业在一定时间内所支出的全部人工成本。核算方法是：人工成本=企业从业人员劳动报酬总额+社会保险费用+福利费用+教育费用+劳动保护费用+住房费用+其他人工成本。

（2）核算人工成本主要指标

①人工成本占增加值（纯收入）比重

人工成本占增加值（纯收入）比重又称"劳动分配率"。附加价值（纯收入）是企业在一定时间内从事生产经营和提供劳务过程中新创造出来的价值。人工成本属于企业新创造价值中的一部分，既是企业为取得新创造价值和利润所必须付出的代价，又是企业将一部分新创造价值以直接或间接方式对员工的支出。计算公式如下：

$$劳动分配率 = \frac{人工成本总额}{增加值（纯收入）} \qquad (5-2)$$

这一指标可以说明人工成本的投入产出比例、从业人员报酬在企业新创造价值中的份额、从业人员人均报酬与劳动生产率的对比关系。

②销售收入（营业收入）与人工费用比率

人工成本占销售收入（营业收入）比重又被称为"人事费用率"，表示每获得一个单位的销售收入（营业收入）需投入的人工成本。该比率也可以反映企业人工成本的状况。计算公式如下：

$$人事费用比率 = \frac{人工费用}{销售收入（营业收入）} = \frac{人工费用／员工总数}{销售收入（营业收入）／员工总数} =$$

$$\frac{薪酬水平}{单位员工销售收入（营业收入）} \qquad (5-3)$$

③人均人工成本指标

人均人工成本是企业一定时间内人工成本总支出平均分摊到每一名从业人员的份额。它可以表示：

A. 从业人员以直接和间接方式从企业得到的平均报酬水平。

B. 企业聘用一名从业人员所必须负担的平均费用水平。计算公式如下：

$$人均人工成本 = \frac{人工成本总额}{从业人员平均人数} \qquad (5-4)$$

人均人工成本可以细化为人均年、月和小时人工成本，人均月、小时人工成本应按年人均人工成本指标进行折算。人均人工成本是国际上进行横向比较的常用指标。计算公式如下：

$$年人均人工成本 = 年人工成本总额 / 年从业人员平均人数$$

$$月人均人工成本 = 年人均人工成本 / 12$$

$$小时人工成本 = 年人均人工成本 / 年人均实际工作时数 \qquad (5-5)$$

④人工成本相当于总成本（费用）的比重

计算公式如下：

$$人士成本相当于总成本的比重 = \frac{企业人工成本总额}{企业成本（费用）总额} \qquad (5-6)$$

人工成本相当于总成本（费用）的比例基本可以表明人工成本在总成本（费用）中的结构状况及结构的变动状况。

⑤单位产品成本的人工成本含量

如果企业生产同规格的单一产品，其单位产品成本的人工成本含量等于总成本人工成本含量除以单位产品成本。如果企业生产的是不同类型的产品，要分别核算不同产品的总成本和人工成本，再分别进行计算。总成本人工成本含量是指人工成本占企业总成本的比重。

2. 合理确定人工成本的方法

由于企业之间人才的竞争、物价的上涨及人民生活水平的提高等因素的影响，工资持续增长的趋势是必然的，对于企业来说控制成本是保证利润增长的重要因素。如何确定人工费用的极限，通常有以下三种方法。

（1）劳动分配率基准法

劳动分配率基准法是以劳动分配率为基准，根据一定的目标人工成本，推算出必须达到的目标销货额；或者根据一定的目标销货额，推算出可能支出的人工成本及人工成本总额增长幅度。

劳动分配率是指企业人工成本占企业附加价值的比率。附加价值是由企业本身创造的价值，是企业可用来进行分配的收入，是资本与劳动之间分配的基础。附加价值的计算方法有以下两种：

第一种，扣除法，由销货净额扣除外购价值求出，其公式如下：

$$附加价值 = 销货（生产）净额 - 外购价值 = 销货净额 - 当期进货成本（直接$$
$$原材料 + 购入零配件 + 外包加工费 + 间接材料） \qquad (5-7)$$

第二种，相加法，即将形成附加价值的各项因素相加而得出，其公式如下：

$$附加价值 = 附加价值 = 利润 + 人工成本 + 其他形成附加价值的各项费用 = 利润 +$$
$$人工成本 + 财务费用 + 租金 + 折旧 + 税收 \qquad (5-8)$$

关于本企业的劳动分配率，基期可以从有关报表中求得。本期可以从借贷平衡表中予以推算，也就是，首先计算出附加价值中资本分配额及资本分配率，再计算出劳动分配额及劳动分配率。

在应用劳动分配率基准法时，还涉及附加价值率问题，即附加价值占销货额的比例。附加价值率越高，表明企业的经营能力越好，企业支付人工费用的能力越强。所以，合理的人工费用率可由下式求出：

$$合理的人工费用率 = \frac{人工费用}{销售额} = \frac{净产额}{销货额} \times \frac{人工费用}{净产值} = 目标附加价值率 \times 目标劳动分配率$$

$$(5-9)$$

应用劳动分配率基准法的步骤是：第一，用目标人工费用（也称"计划人工费用"）和目标净产值率（也称"计划净产值率"）及目标劳动分配率（也称"计划劳动分配率"）三项指标计算出目标销售额（也称"计划销售额"）。第二，运用劳动分配率求出合理薪资的增长幅度。具体办法是：在计算上年度和确定本年度目标劳动分配率的基础上，根据本年的目标销售额计算出本年目标人工费用，并计算出薪酬总额的增长幅度。

（2）销售净额基准法

销售净额基准法，即根据前几年实际人工费用率、上一年平均人数、平均薪酬和本年目标薪酬增长率，求出本年的目标销售额，并以此作为本年应实现的最低销售净额。其公式为如下：

$$目标人工成本 = 本年计划平均人数 \times 上年平均薪酬 \times （1 + 计划平均薪酬增长率）$$

$$目标销售额 = \frac{目标人工成本}{人工费用率} \qquad (5-10)$$

利用人工费用率（人工费用/销货额）还可计算销售人员每人的目标销售额。其步骤是先确定推销员的人工费用率，再根据推销员的月薪或年薪及推销员人工费用率计算推销员的年度销售目标。其计算公式如下：

$$销售人员年度销售目标 = \frac{推销人工费用}{推销员的人工费用率} \qquad (5-11)$$

与上述方法相类似，还可根据毛利率及人工费用率，计算推销员目标销售毛利额及推销人员毛利额与工资的大致比例。其公式如下：

$$推销人员人工费用率 = \frac{推销人员人工费用总额}{毛利率}$$

$$目标销售毛利额 = \frac{推销员工资}{推销员人工费用率} \qquad (5-12)$$

（3）损益分歧点基准法

损益分歧点也称"损益平衡点""收支平衡点"，该点处是企业利润为零时的销货额或销售量。具体来说，它是指在单位产品价格一定的条件下与产品制造和销售及管理费用相等的销货额，或者说达到这一销货额的产品销售数量。损益分歧点可用公式表示如下：

$$销售收入 = 制造成本 + 销售及管理费用 \qquad (5-13)$$

如果将制造成本和销售及管理费用划分为固定费用（也称"固定成本"，指不随生产量多少而增减的费用，如折旧费、房租、间接人工费用等）和变动费用（也称"变动成本"，指随产销数量变动而增减的费用，如材料费、保管费、直接人工费等），那么在把制造成本和销售及管理费用划分为固定费用和变动费用之后，损益分歧点的销售收入的公式即可改写为：

$$销售收入 = 固定成本 + 变动成本 \qquad (5-14)$$

为便于表达，上式中的各因式可用下列符号表示。P：单位产品售价；V：单位产品变动成本；F：固定成本；X：产量或销售量。这样，损益分歧点可用代表式表示为：$PX = F + VX$；在损益分歧点所要达到的销售量为：$X = \dfrac{F}{P-V}$。式中，$P-V$ 为每单位产品边际利益。

每单位产品的边际利益除以每单位的产品价格为边际利益率，公式为：每单位产品边际利益率 $= \dfrac{P-V}{P}$。这样，以销售额表示的损益分歧点，可用公式表示为：损益分歧点的销售额 $= \dfrac{固定成本}{边际利益率}$。

企业使用损益分歧点基准法可达到三种目的：一是以损益分歧点为基准，计算一定人工成本总额下的损益分歧点的销售额及薪酬支付的最高限度；二是以损益分歧点为基准，计算损益分歧点之上危险盈利点所应达到的销售额，继而推算出薪酬支付的可能限度，即可能人工费用率；三是以损益分歧点为基准，计算损益分歧点上的剩余额保留点的销售额，进而推算出人工费用支付的适当限度，即合理人工费用率（也称"安全人工费用率"）。

安全盈利点的销售额是指在抵补全部成本之后，在保证一定利润用于股东股息的分配之外，还有一定的剩余利润作为企业今后发展的费用及应对可能发生的风险的费用。

第二节　绩效管理优化

一、绩效管理概述

（一）绩效

绩效管理是指管理者和员工之间就目标与如何实现目标上达成共识的基础上，通过激励和帮助员工取得优异绩效从而实现组织目标的管理方法。

通俗来讲，绩效管理就是围绕实现绩效目标所展开的一系列管理活动，所以要理解绩效管理，首先要理解绩效的含义、认清绩效的特点。一般来说，可以从组织、团体和个人三个层面给绩效下定义，层面不同，绩效所包含的内容、影响因素及其测量方法也不同。本节主要从个体的层面上讨论绩效的问题。

1. 绩效的含义

关于绩效的含义主要有两种不同的观点：一种观点认为绩效是结果，是工作的成果；一种观点认为绩效是行为，是为了完成工作目标所展开的一系列相关行为。但在绩效管理的具体实践中，工作的成果和工作的行为过程是很难截然分开的，所以要从综合的角度来理解绩效的含义。所谓绩效，就是指员工在工作过程中所表现出来的与组织目标相关的并且能够被评价的工作业绩、工作能力和工作态度的总和。其中，工作业绩是指工作的结果，工作能力和工作态度则是指工作的行为。要理解这个含义，应当把握以下四点。

第一，绩效是基于工作而产生的，与员工的工作过程和工作结果直接联系在一起，工作之外的行为和结果不属于绩效的范围。

第二，绩效要与组织的目标有关，对组织的目标应当有直接的影响作用。例如，员工的心情就不属于绩效，因为它与组织的目标没有直接的联系。由于组织的目标最终都会体现在各个职位上，因此与组织目标有关就直接表现为与职位的职责和目标有关。

第三，绩效应当是能够被评价的工作行为和工作结果，那些不能被评价的行为和结果不属于绩效。例如，员工工作时的专注程度就不能直接作为绩效来使用，因为它很难被评价。

第四，绩效还应当是表现出来的工作行为和工作结果，没有表现出来的就不是绩效。这一点和招聘录用时的人事测评是有区别的，人事测评的重点是可能性。也就是说要评价员工是否能够做出绩效，其考核的重点则是现实性，就是说要评价员工是否做出了绩效。

2. 绩效的特点

通常情况下，绩效主要有以下三个特点：

（1）多因性

多因性就是指员工的绩效是受多种因素共同影响的，并不是哪一个单一的因素可以决定的。绩效和影响绩效的因素之间的关系可以用一个公式来表示：

$$P = f(K,\ A,\ M,\ E) \tag{5-15}$$

在这个关系式中，f 表示一种函数关系；P（Performance），就是绩效；K（Knowledge），就是知识，指与工作相关的知识；A（Ability），就是能力，指员工自身所具备的能力；M（Motivation），就是激励，指员工在工作过程中所受的激励；E（Environment），就是环境，指工作的设备、工作的场所等。

（2）多维性

多维性就是指员工的绩效往往体现在多个方面，工作结果和工作行为都属于绩效的范围。例如，一名操作工人的绩效除了生产产品的数量、质量外，原材料的消耗、出勤情况，与同事的合作及纪律的遵守等都是绩效的表现。因此，对员工的绩效必须从多方面进行考查，当然，不同的维度在整体绩效中的重要性是不同的。

（3）变动性

变动性就是指员工的绩效并不是固定不变的，在主客观条件发生变化的情况下，绩效是会发生变动的。这种变动性就决定了绩效的时限性，绩效往往是针对某一特定的时期而言的。

（二）绩效管理的含义

绩效管理就是指制定员工的绩效目标，并收集与绩效有关的信息，定期对员工的绩效目标完成情况做出评价和反馈，以改善员工工作绩效，并最终提高组织整体绩效的制度化过程。

1. 绩效管理的内容

绩效管理，是由绩效计划、绩效沟通、绩效考核和绩效反馈等四个阶段组成的一个循环的过程。

（1）绩效计划

绩效计划就是组织与员工一起共同确定绩效目标，对绩效目标的实现进行讨论并达成一致的阶段。绩效计划是每个绩效管理循环周期的开始。

（2）绩效沟通

绩效沟通是指在实现绩效的过程中，通过上级和员工之间持续的沟通来预防和解决员工实现绩效时可能发生的各种问题的过程。

（3）绩效考核

绩效考核有时也叫绩效评价，它是绩效管理的一个核心环节，指的是对员工在其工作岗位上的工作行为表现和工作结果等方面的信息情况进行收集、分析和评价的阶段。在实践当中，往往有一种误解，认为绩效考核就是绩效管理，实际上绩效考核只是绩效管理的一个组成部分和一个必不可少的阶段而已。

（4）绩效反馈

绩效反馈就是在一个绩效管理周期结束时，上级领导和员工之间进行绩效考核面谈，由上级将考核结果告诉员工，指出员工在工作中存在的不足，并和员工一起制订绩效改进计划，开始准备下一个绩效管理周期的阶段。

2. 绩效管理的目的

由绩效管理的定义可以看出，实施绩效管理的根本目的不是将员工分出优劣等级，更不是奖优罚劣，其根本目的是帮助改善员工的工作绩效，最终提高单位的整体绩效。在帮助员工改善绩效的过程当中，上级的角色绝不是在员工出现差错时进行惩罚的警察，反而更像是教练，通过观察、沟通和指导等各种方式帮助员工改进绩效。

3. 绩效管理的责任

绩效管理虽然是人力资源管理的一项重要职能，但这绝不意味着绩效管理就完全是人力资源管理部门的责任，人力资源管理部门只是协助员工的上级管理者进行绩效管理。每个管理者都必须肩负起帮助员工改进绩效，并最终提高所在部门的整体绩效的重要责任。员工的上级只有真正了解员工的工作情况，才能发现员工工作过程中存在的问题和不足，真正有资格帮助员工有针对性地改进绩效。而人力资源管理部门只是在绩效管理过程当中协助做一些常规性的工作，比如按要求制定考核表格、组织考核会议、收集考核信息等。

4. 绩效管理的实施

为了达到绩效管理的目的，绩效管理的实施应当贯穿管理者的整个管理过程，在某种意义上，管理者的管理工作其实就是一个绩效管理的过程。绩效管理绝不是在绩效周期结束时，对员工的绩效做出评价那么简单，而是要体现在管理者的日常工作中，成为一种经常性的工作，绩效评价只是绩效管理过程中的一个环节而已。

二、绩效考核的方法

（一）行为导向型主观考核方法

1. 排列法

排列法亦称排序法、简单排列法，是绩效考核中比较简单易行的一种综合比较方法。它通常是由上级主管根据员工工作的整体表现，按照优劣顺序依次进行排列。有时为了提高其精度，也可以将工作内容做出适当的分解，分项按照优良的顺序排列，再求总平均的次序数，作为绩效考核的最后结果。

2. 选择排列法

选择排列法也称交替排列法，是简单排列法的进一步推广。选择排列法利用的是人们容易发现极端、不容易发现中间的心理，在所有员工中，挑出最好的员工，然后挑出最差的员工，将他们作为第一名和最后一名，接着在剩下的员工中再选择出最好的和最差的，分别将其排列在第二名和倒数第二名，以此类推，最终将所有员工按照优劣的先后顺序全部排列完毕。选择排列法是较为有效的一种排列方法，采用本法时，不仅上级可以直接完成排序工作，还可将其扩展到自我考评、同级考评和下级考评等其他考评的方式中。

3. 成对比较法

成对比较法亦称配对比较法、两两比较法等。其基本程序如下：首先，根据考评要素如工作质量，将所有参加考评的人员逐一比较，按照从最好的到最差的顺序对被考评者进行排序；其次，再根据考评要素进行两两比较，得出本要素被考评者的排列次序；最后，求出被考评者所有考评要素的平均排序数值，得到最终考评的排序结果。

4. 强制分布法

强制分布法亦称强迫分配法、硬性分布法。假设员工的工作行为和工作绩效整体呈正态分布，那么按照状态分布的规律，员工的工作行为和工作绩效好、中、差的分布存在一定的比例关系，在中间的员工应该最多，好的、差的是少数。强制分布法就是按照一定的百分比，将被考评的员工强制分配到各个类别中，类别一般分为五类，从最优到最差的具体百分比可根据需要确定，既可以是 10%、20%、40%、20%、10%，也可以是 5%、20%、50%、20%、5%等。

5. 结构式叙述法

它是采用一种预先设计的结构性的表格，由考评者按照各个项目的要求，以文字对员工的行为做出描述的考评方法。采用本方法，考评者能描述出下属员工的特点、长处和不足，并根据自己的观察分析和判断，对其提出建设性的改进意见和建议。

（二）行为导向型客观考评方法

1. 关键事件法

关键事件法也称重要事件法。在某些工作领域内，员工在完成工作任务过程中，有效的工作行为导致了成功，无效的工作行为导致了失败。关键事件法的设计者将这些有效或无效的工作行为称为"关键事件"，考评者要记录和观察这些关键事件，因为它们通常描述了员工的行为及工作行为发生的具体背景条件。这样，在评定一个员工的工作行为时，就可以利用关键事件作为考评的指标和衡量的尺度。

关键事件法对事不对人，以事实为依据，考评者不仅要注重对行为本身的评价，还要考虑行为的情境，可以用来向员工提供明确的信息，使他们知道自己在哪些方面做得比较好，而在哪些方面又做得不好。关键事件法考评的内容是下属特定的行为，而不是他的品质和个性特征，如忠诚性、亲和力、果断性和依赖性等。

由于这种方法强调的是选择具有代表性的最好或最差的行为表现的典型和关键性活动事例作为考评的内容和标准，因此，一旦考核评价的关键事件选定了，其具体方法也就确定了。

这种方法具有较大时间跨度，因此可与年度、季度计划的制订与贯彻实施密切地结合在一起。本方法可以有效弥补其他方法的不足，为其他考评方法提供依据和参考，但也有不足之处，比如关键事件的记录和观察费时费力；能做定性分析，不能做定量分析；不能具体区分工作行为的重要性程度，很难使用该项方法在员工间进行比较。

2. 强迫选择法

强迫选择法也称作强制选择业绩法。在本法中，考评者必须从 3~4 个描述员工某一方面行为表现的项目中选择一项（有时选择两项）内容作为单项考评结果。考评者可能会发现所有的选项都描述员工的绩效，不过他只能从中选出一个（或者两个）最能描述员工行为表现的项目。和一般的评级量表的方式不同，本法在各个项目中对所列举的工作行为表现谨慎地使用了中性的描述语句，使考评参与者对该项工作表现是积极的还是消极的认知是模糊的。

采用本法可以避免考评者的趋中倾向、过宽倾向、晕轮效应或者其他常见的偏误。本法不但可以用来考评特殊工作行为表现，也可适用于单位更宽泛的不同类别人员的绩效描述与考评。与其他评级量表法一样，本法同样是一种定量化考评方法。强迫选择法在使用的过程中，往往容易使考评者试图揣测哪些描述是积极的、哪些描述是消极的。此外，本法难以在单位人力资源开发方面发挥作用，因为考评者完成考评工作、填写考评表格以后，将其交给人力资源管理部门或者直接上级，最终的考评结果不会反馈给员工个人。

3. 行为定位法

行为定位法也称为行为锚定等级评价法、行为决定性等级量表法或行为定位等级法。行为定位法势必影响关键事件法的进一步拓展和应用，它将关键事件和等级评价有效结合在一起，通过一张行为等级评价表可以发现，在同一个绩效维度中存在一系列的行为，每种行为分别表示这一维度中的一种特定绩效水平，将绩效按等级量化，可以使考评的结果更有效、更公平。

这种方法主要优点如下：对员工的绩效考量更加准确；绩效考核标准更加明确；具有良好的反馈功能；具有良好的连贯性和较高的信度；考评的维度清晰；各绩效要素的相对独立性强；有利于综合评价判断。不过，采用这种方法设计和实施的费用高，比许多考评方法费时费力。

4. 行为观察法

行为观察法也称行为观察评价法、行为观察量表法或行为观察量表评价法。行为观察法是在关键事件法的基础上发展起来的，与行为锚定等级评价法大体接近，只是在量表的结构上有所不同。本方法不是首先确定工作行为处于何种水平上，而是确认员工某种行为出现的概率，它要求评定者根据某一工作行为发生频率和次数的多少，来对某一被评定者打分。例如，从不（1分）、偶尔（2分）、有时（3分）、经常（4分）、总是（5分）。既可以对不同工作行为的评定分数相加得到一个总分数，也可以按照对工作绩效的重要性程度，赋予工作行为不同的权重，经加权后再相加得到总分，总分可以作为不同员工间比较的依据。发生频率过高或者过低的工作行为不能选取为评定项目。

其优点是克服了关键事件法不能量化、不可比及不能区分工作行为重要性的缺点；其缺点是编制一份行为观察量表较为费时费力，同时完全从行为发生的频率考评员工，可能会使考评者和员工双方忽略行为过程的结果。

5. 加权选择法

加权选择法是行为量表法的另一种表现形式。其具体的形式是用一系列的形容性或描述性的语句，说明员工的各种具体的工作行为和表现，并将这些语句分别列进量表中，作为考评者评定的依据。在打分时，如果考评者认为被考评者的行为表现符合量表中所列出的项目，就做上记号，如用"Y"表示符合、"N"表示不符合。

具体设计方法为通过工作岗位调查和分析，采集涉及本岗位人员有效或者无效行为表现的资料，并用简洁的语言做出描述；对每一个行为项目进行多等级（一般为 5～9 级）评判，合并同类项目，删除缺乏一致性和代表性的事项；求出各个保留项目评判分的加权平均数，将其作为该项目等级分值。

这种方法的优点为打分容易、核算简单、便于反馈；缺点是适用范围小，采用本法时需要根据具体岗位的工作内容，设计不同内容的加权选择考评量表。

（三）结果导向型考评方法

1. 目标管理法

目标管理法体现了现代管理的哲学思想，是领导与下属之间双向互动的过程，是由员工与主管协商制定个人目标，个人的目标依据单位的战略目标及相应的部门目标而确定，并与它们尽可能一致。该方法用可观察、测量的工作结果作为衡量员工工作绩效的标准，以制定的目标作为对员工考评的依据，从而使员工个人的努力目标与组织目标保持一致，减少管理者将精力放到与组织目标无关的工作上的可能性。目标管理法的基本步骤如下：

（1）战略目标的设定

考评期内的目标设定首先是由组织的最高层领导开始的，由他们制定总体的战略规划，明确总体的发展方向，提出单位发展的中长期战略目标、短期的工作计划。

（2）组织规划目标

在总方向和总目标确定的情况下，分解目标，逐级传递，建立被考评者应该达到的目标，这些目标通常成为对被考评者进行评价的根据和标准。制定目标时应该注意目标的具体性和客观性，目标的数量不宜过多，目标应做到可以量化、可以测量，且长期与短期并存；目标由管理层和员工共同参与制定；设立目标的同时，还应制定完成目标的详细步骤和时间框架。

（3）实施控制

目标实施过程中，管理者提供客观反馈，监控员工达到目标的进展程度，比较员工完成目标的程度与计划目标，根据完成程度指导员工，必要时修正目标。在一个考评周期结束后，留出专门的时间对目标进行回顾和分析。

2. 绩效标准法

与目标管理法基本接近，它采用更直接的工作绩效衡量的指标，通常适合于非管理岗位的员工，采用的指标要具体、合理、明确，要有时间、空间、数量、质量等的约束限制，要规定完成目标的先后顺序，保证目标与组织目标的一致性。绩效管理法比目标管理法具有更多的考评标准，而且标准更加详细具体。依照标准逐一评估，然后按照各标准的重要性及所确定的权数，进行评分数汇总。

由于被考评者的多样性，个人品质存在明显差异，有时某一方面的突出业绩与另一方面的较差表现有共生性，而采用这种方法，能对员工进行全面的评估。绩效标准法为下属提供了清晰准确的努力方向，对员工具有更加明确的导向和激励作用，但是这种方法需要占用较多的人力、物力和财力，需要较高的管理成本。

3. 短文法

又称书面短文法或者描述法。对本方法有以下两种解释：第一种说法认为，该方法是由被考评者在考评期末撰写一篇短文，对考评期内所取得的重要的突出业绩做出描述，以作为上级主管考评的重要依据；另一种说法认为，本方法是由考评者写一篇短文以描述员工绩效，并特别列举其长处和短处的事实。无论由谁来拟定绩效总结的报告，其内容和形式具有一定的相同性。

考评者撰写绩效考核的报告，迫使考评者讨论绩效的特别事项，从而能减少考评的偏见和晕轮效应。由于考评者以事例说明员工表现、而不是使用评级量表，也可以减小考评的趋中和过宽的评价误差。但这种方法其最大问题是，由考评者为每个员工写一篇独立的短文，其所花费时间和精力是可想而知的，因此，在下属众多的情况下根本无法推行本方法。另外，由于短文法仅适用于激发员工表现，开发其技能，而不能用于员工之间的比较，以及重要的人事决策，使它适用范围很小。由被考评者自己撰写考评短文，虽然节省了上级主管的时间，但又受到个人写作能力的限制，容易导致报告的表述不清晰。

4. 直接指标法

该法是在员工的衡量方式上，采用可监测、可核算的指标构成若干考评要素，作为对下属的工作表现进行评估的主要依据。如对于非管理人员，可以衡量其生产率、工作数量、工作质量等。工作数量的衡量指标有工时利用率、营业额、销售量等；工作质量的衡量指标有顾客抱怨率、废品率、新产品包装缺损率、顾客投诉率、不合格返修率等。对管理人员的考评，可以通过对其所管理的下属，如员工的缺勤率、流动率的统计得以实现。

这种方法简单易行，节省人力、物力和管理成本。运用时，需要加强单位基础管理，建立健全各种原始记录，特别是一线人员的统计。

5. 成绩记录法

这是新开发出来的一种方法，比较适合于从事科研教学工作的人员如大学老师、律师等，因为他们每天的工作内容是不同的，无法用完全固化的衡量指标进行考量。这种方法的步骤如下：先由被考评者把自己与工作职责有关的成绩写在一张成绩记录表上，然后由其上级主管来验证成绩的真实性和准确性，最后由外部的专家评估这些资料，决定个人绩效的高低。

6. 劳动定额法

劳动定额法是比较传统的绩效考核方法，具体步骤如下：

第一，进行工作研究，从宏观到微观，运用科学方法对工作上的生产流程、作业程序和员工的操作过程进行全面的调查分析，使其组织形式和作业方法达到精简、高效、健康、舒适、安全等方面的要求，最终实现劳动组织最优化、工作环境条件安全化、作业流程程序标准化、人工操作规范化、人机配置合理化、生产产出效率化等目标。

第二，在工作研究即方法研究和动作研究的基础上进行时间研究，运用工作日写实、测试和工作抽样等工时研究方法，采用类推比较或技术测定等，对劳动者在单位时间内生产某种产品或者完成某项工作任务的劳动消耗量做出具体限定。即制定出工时定额或产量定额，作为员工绩效考核的主要依据。

第三，通过一段试行期，开始正式执行新的劳动定额。根据不同的工种和工序，单位可以采取多种不同形式的劳动定额，如工时定额、产量定额、综合定额、单项定额、看管定额、服务定额、工作定额，以及计划定额、设计定额、现行定额和不变定额等多种多样的形式和方法，对员工绩效进行考评。

(四) 综合型考评方法

1. 图解式评价量表法

也称图表评估尺度法、尺度评价法、图尺度评价法、业绩评定表法。首先，将岗位工作的性质和特点，选择绩效有关的若干评价要素主要包括：个体方面的因素，如判断能力、适应性、积极性等；与工作成果有关的因素，如工作质量、数量等；与行为有关的因素，如合作程度、工作态度等。其次，以这些评价因素为基础，确定出具体的考评项目指标，每个项目分成5~9个等级，用数字或者文字表示，并对各个等级尺度的含义做出具体说明。最后，制成专用的考评量表。在应用的过程中，考评者根据对下属工作的观察和了解，只需要在量表的每个项目等级评估的尺度上做出记号，待全部项目考评完成后，将各个项目所得的分数相加，即可得到考评的总结果。

由于本方法所采用的考评效标涉及范围较大，可以涵盖员工个人的品质特征、行为表现和工作结果，使其具有广泛的适应性。同时，该方法具有简单易行、使用方便、设计简单、汇总快捷等优点，但不足之处在于考评的信度和效度，取决于考评因素及项目的完整性和代表性，以及考评人评分的准确性和正确性，在考评要素选择确定及考评人存在问题的情况下，本方法极容易产生晕轮效应或者集中趋势等偏误。

2. 合成考评法

为了提高考评的质量，有些单位将几种比较有效的方法综合在一起，采用合成的绩效考核方法。合成考评法的开发与应用实例说明，由于单位的主客观环境和条件的不同，单位完全可以因地制宜、因人制宜、因时制宜，设计更加适用可行的绩效考核方法。有些单位根据管理人员的特点，采用一定的表格形式，在对各评价要素做出明确的描述和界定的基础上，将考评与绩效改进计划有效地结合在一起，通过管理绩效的考评，找出存在的问题和不足，并提出今后改进的措施和办法。这种将描述性表格与绩效改进计划合成在一起的考评方法，虽然不能进行人员的横向比较，但对每个管理人员来说，由于各自岗位的工作内容和特点上存在明显的差异，这种方法具有更强的针对性和适用性，有助于提高绩效管理的水平。

3. 日清日结法

日清日结法即 OEC（Overall Every Control and Clear）方法，具体实施程序和步骤如下：

（1）设定目标

OEC 法也是一种动态优化的目标管理方法，对全单位所有的工作、物品及区域进行详细分工，形成人人都管事、事事有人管的目标管理体系，同时每人每天根据当天工作发现的问题及找出的差距，确定第二天提高的目标，进行动态的调整。单位推行计划管理时，总部可以制订年度和月度计划，各个业务部门则应制订和推行周计划，并将计划再细化分解，实行日计划，确定每天的工作目标，每天对工作进度和实际完成的情况进行小结。

单位的计划有多种类型。如目标型计划——为实现特定的目标制订的计划，一般也称为项目，其制订执行的过程便称为项目管理工作；例行型计划——经常重复的例行工作计划，一般把这些计划制订成为标准化作业程序；问题型计划——以解决问题为主的计划，一般也称为问题求解计划。

（2）控制

OEC 中的 PDCA 循环将管理工作的循环周期压缩到一天，对反映出来的问题随时进行纠偏，使偏差在最短时间、最小环节内得到控制消除，减少了损失和浪费，提高了质量和效率，提高了管理工作的及时性和有效性。最主要的是可以提高工作效率，通过日清避免了工作积压、拖延，使"今日功课今日毕，明天还有新功课"，有效地克服了人们素有的心理惰性（如果没有计划、没有总结，可能会出现某项工作没有连续做，结果放置几天之后就忘记的现象，致使工作停滞、效率低下）。

（3）考评和激励

根据日清日结记录进行考评评价，使员工的绩效考核有据可查、事实清楚，体现了"客观、真实、公正、公平和公开"的原则，从而使薪酬奖励制度的"保障与激励"双重功能得以充分发挥。

4. 评价中心法

主要采用以下六种技术，广泛地观察被考评者的特质和行为，从而为绩效考核提供可靠真实的依据。

（1）实务作业或称套餐式练习

实务作业是模拟某一个管理岗位，让被考评者在一定时间内，参与所有相关文件、文书（包括备忘录、信函等）的起草和处理，并解决工作中出现的各种问题。例如，让参与者（假设他是经理）处理这些信函及备忘录，并在两个小时内做出批复；或者由下属提出几个工作中遇到的难题，请求其立即做出指示或者决断。被考评者在限定的时间内比如两小时之内完成作业后，由考评者对其作业完成情况做出评定。通过对被考评者的"工作环境的适应性""文件处理的质量和速度""对待专业问题的认识和理解及决断情况"等诸多方面的考评，以检验其决策能力、分析判断能力、授权技巧及应变能力等。

（2）自主式小组讨论

被考评者参加一个多人以上的团体讨论会议，讨论会可在有领导者主持或者没有指定领导者的情况下进行，与会者围绕某些专题进行讨论，并最终做出一个整体的决定。讨论的题目可以包括组织变革和组织发展、人事决策、薪酬福利政策等。考评人仔细观察小组讨论的互动情况，如对各种问题的诊断分析、策略的制定、资源的分配等，根据与会者的表现，对其人际关系技巧、团队合作精神、领导能力、语言表达感染力、个人魅力和影响力等做出评价。

（3）个人测验

在评价中心，被考评者要完成数种测验，如智力测验、人格测验、对管理与督导的态度测验等。如果评价中心的活动时间太短，这些测验可以在参加评价活动之前，个人先在家里完成。

（4）面谈评价

被考评者在评价活动期间，接受由一人或者多人主持的面谈。面谈的主要内容涉及个人职业生涯的设计和发展，主要是为了解其成长背景、以往的经验、学习经历、工作表现、未来期待、兴趣及目标等。

（5）管理游戏

单位管理游戏是通过被考评者的某种角色扮演或者团体讨论，在一定的情景模拟的环境和条件下，考查其策略思想、谋划能力、组织能力，以及分析、解决问题的能力。管理游戏活动的内容涉及市场竞争策略、生产计划与组织、商品推广与营销、仓储调运与管理、作业流程与优化等多领域问题。

（6）个人报告

在评价中心，被考评者需要根据某一特定的管理题目，在众人面前做陈述分析报告，考评者通过陈述报告，检测其表达能力和雄辩能力。

三、绩效沟通与改进

（一）绩效沟通基础

1. 绩效沟通的含义

绩效沟通是指组织的管理者与员工为了达到绩效管理的目的，在共同工作的过程中分享各类相关的绩效信息，以期得到对方的反应和评价，并通过双方的交流，使组织绩效计划得以更好地贯彻执行，以及更好地提高组织绩效的过程。简而言之，绩效沟通就是管理者与员工就绩效问题进行的沟通，是一个关于绩效信息的发送、接收与反馈的过程。

2. 绩效沟通的重要性

在绩效管理中，持续不断的沟通是一个恒久不变的原则，具有不可替代的作用。持续的绩效沟通对管理者和员工都有着非常重要的意义。

第一，只有通过绩效沟通，才能设定管理者和员工共同认可的绩效目标。实际上，绩效管理的首要环节就是设定管理者和员工共同认可的绩效目标。员工作为组织中的一员，要在组织中承担一定的职责。以上这些只有通过绩效沟通才能得到解决，才可以使员工清晰地了解自己在组织中扮演的具体角色。这样，管理者与员工就会对绩效目标及结果做到心中有数，员工才能有实现绩效目标的动力，管理者才能有考核员工的量化标准。在设定绩效目标的过程中，如果管理者忽视了沟通的作用，缺少双向互动沟通，就会造成绩效目标信息只有下达而无上传的情况。这样做不但会影响员工对绩效目标的了解和认可，还可能影响整个组织绩效目标的实现。

第二，只有通过绩效沟通才能顺利地完成绩效目标。从绩效管理流程来看，绩效沟通是重要环节，并贯穿于整个履行过程的始终。当绩效目标在履行过程中朝着良性方向发展时，通过绩效沟通，管理者易于了解员工在目标实施过程中继续提升业绩的空间及员工在后期工作中的期望；员工也可以及时地反馈工作完成情况，从上级管理者那里得到必要的帮助。

当绩效目标在履行过程中朝恶性方向发展时，良好的绩效沟通将发挥无可比拟的作用。对组织而言，它有助于降低负面影响，对提升组织整体业绩会起到推进作用；对员工而言，及时的沟通有助于员工改进工作方法、改善业绩，避免自己成为组织整体业绩提升上的阻碍。

第三，只有通过绩效沟通才能使绩效考核思想深入人心，才能使考核结果令员工信服。一方面，绩效管理不是考核者对被考核者滥用手中职权的工具，也不是单纯走过场。绩效沟通需要帮助考核者把工作目标和工作任务等相关内容传递给被考核者，使考核者明白要考核什么、考核谁及如何考核等；使被考核者明白自己该干什么、怎么干、什么是干得好或者什么是干得不好。另外，绩效沟通有利于消除分歧，提高员工对绩效考核的认可度。绩效考核不是为了制造员工之间的差距，也不是划分员工等级的标尺，而是为了实事求是地挖掘员工的长处并发现其短处，从而使工作绩效有所改进和提高。另一方面，随着绩效考核思想的深入，绩效考核这一工具的使用会得到广泛的认可，绩效考核的结果也将被广大员工认可并接受。

总之，绩效沟通无论对管理者还是对员工都具有重要意义。它不仅有助于管理者了解工作的落实进度，了解被考核员工的工作情况，而且有利于员工在工作过程中不断得到关于自己工作绩效的反馈信息，从而不断地提高工作技能。

3. 绩效沟通的体系

绩效管理的过程通常被看作一个循环，这个循环分为四个环节，即绩效计划、绩效辅导、绩效考核与绩效反馈。在绩效管理的各个环节中，持续性的绩效沟通是必不可少的。

本节所指的绩效沟通是绩效管理各个流程中管理者与员工之间的持续沟通，包括绩效计划沟通、绩效辅导沟通、绩效考核沟通和绩效反馈沟通，并且这四个沟通环节形成一个绩效沟通循环。在每个绩效周期中，绩效沟通都是持续进行的，多个沟通循环组成一个持续循环的绩效沟通体系。

（1）绩效计划沟通

绩效计划是绩效管理的第一个环节，是管理者和员工共同讨论，以确定员工在考核期内应该完成什么工作和达到什么样的绩效目标的过程。

绩效计划沟通的主要内容是目标制定的沟通、目标实施的沟通。绩效目标和工作标准应是管理者与员工讨论后形成的，管理者只有与员工不断地进行交流，才能使员工对目标有一个全面完整的了解，才会使员工在工作的过程中做到心中有数，不会发生"只低头做事，不抬头看路"的情况。

（2）绩效辅导沟通

在整个绩效沟通体系中，绩效辅导沟通是最直接发挥作用的环节。因此，能否做好辅导沟通，是决定绩效管理是否能够发挥作用的重要因素。

绩效辅导沟通就是管理者与员工在绩效实施过程中分享各类与绩效有关的信息的过程，沟通的具体内容主要由管理者和员工的需要来确定。在沟通开始之前，管理者应该思考的是如下问题：①应该从员工那里得到哪些信息；②应该提供给员工哪些信息和资源以帮助员工完成工作目标。员工必须思考的问题是：①应该从经理那里得到什么样的信息或资源；②应该向经理提供哪些信息，以保证能够更好地完成工作目标。因此，管理者和员工之间进行沟通是为了共同找到与实现目标有关的一些问题的答案，围绕这些问题展开的交流是构成绩效辅导沟通的主要内容。

绩效辅导沟通的主要问题有：①员工的工作进展情况怎么样；②团队是否在正确的实现目标和绩效标准的轨道上运行；③如果有偏离方向的趋势，应该采取什么样的行动扭转这种局面；④员工在哪些方面的工作做得较好，在哪些方面需要纠正或改进；⑤员工在哪些方面遇到了困难或障碍；⑥管理者和员工双方在哪些方面已达成一致，在哪些方面存在着分歧；⑦面对目前的情况，要对工作目标和实现目标所做的行为做出哪些调整；⑧为了使员工出色地完成绩效目标，管理者需要提供哪些帮助和指导。

（3）绩效考核沟通

绩效考核沟通是一种用系统的方法来评定员工在职务上的工作行为和工作效果的工具，也是防止绩效不佳和提高绩效的工具。考核工作要通过管理者和员工共同合作的方式来完成，这就需要管理者和员工之间进行双向沟通。绩效考核沟通的主要内容包括考核制度与方案沟通、考核过程沟通和考核申诉沟通。

（4）绩效反馈沟通

绩效反馈是使员工了解自身绩效水平的绩效管理手段，是绩效管理过程中的一个重要环节。考核者与被考核者之间进行沟通，就被考核者在考核周期内的绩效情况进行面谈，在肯定成绩的同时，找出被考核者在工作中存在的不足之处，并探讨如何改进。

绩效反馈沟通除了告知员工考核结果外，还包含四个方面的内容：第一，具体说明员工在考核周期内的绩效状况，最好能够对照相应的标准举出实例来说明；第二，对绩效优良者予以鼓励，对绩效不良者帮助其分析原因，并一起制定改进措施和相应的培训计划；第三，针对员工的绩效水平告知其将获得怎样的奖惩，以及其他人力资源决策；第四，表明组织的要求和期望，了解员工在下个绩效周期内的计划，并提供可能的帮助和建议。

4. 绩效沟通的渠道

组织的绩效沟通渠道非常重要，关系到管理者能否与员工顺利进行有效的沟通。

要保证组织绩效沟通能够顺利进行，有几个方面的工作需要做好。首先，沟通的渠道要多样化，既要有正式的沟通渠道，又要有非正式的沟通渠道；既要加强纵向沟通，又要重视横向沟通。其次，要根据绩效沟通不同环节的具体特点，选择合适的沟通方法。最后，在沟通的过程中要注意及时排除一些沟通障碍，使沟通渠道畅通无阻。研究发现，在影响沟通的各种因素中，组织结构障碍的影响尤为突出，应特别关注。

5. 绩效沟通机制的运行模式

（1）绩效沟通机制的单循环运行模式

组织的绩效管理虽然有着多种不同的模式，但不论哪种模式都包含绩效管理的四个基本流程。在绩效管理的各个流程中，绩效沟通是持续进行的，同时，四个基本沟通环节构成了一个绩效沟通循环，这个循环中的每个环节都有自己的沟通渠道，都会受组织的绩效沟通制度与沟通文化的影响。良好的绩效沟通制度和绩效沟通文化能够保证各个环节的绩效沟通工作的顺利开展，并推动组织绩效沟通机制的顺利运行。

（2）绩效沟通机制的多循环运行模式

组织绩效沟通是持续进行的，当一个沟通循环结束之后，紧接着就进入下一个循环，在每个循环的每个环节中，都包含了管理者与员工之间的持续沟通与反馈。在持续循环的绩效沟通体系中，每个循环都会受到绩效沟通制度和绩效沟通文化的影响，而组织绩效沟通制度和沟通文化本身也在不断循环的过程中得到发展和完善。当沟通制度与沟通文化发展到一定的程度后，管理者和员工就会在绩效管理的过程中自觉做好绩效沟通工作，组织绩效沟通就成为自然而然的事，良好的绩效沟通机制也就形成了。可见，组织在绩效管理过程中应不断完善绩效沟通体系，并且要注重绩效沟通制度和沟通文化的建设。

（二）绩效改进

绩效改进是绩效评价结果的重要应用领域，也是绩效反馈面谈中的重要沟通内容。传统的绩效管理侧重于评价已发生的工作绩效，而现代绩效管理则强调如何改进绩效，并在个人取得进步的同时推动部门的发展，从而实现组织的战略目标。因此，绩效改进是一个系统化的过程，是通过对现有绩效状态的分析，找出与理想绩效之间的差距，从而提升个人、部门和组织绩效水平的过程。绩效改进的流程可以分为绩效分析、绩效改进计划的制订和绩效改进计划的实施与评价三个阶段，本节主要论述后两个阶段的流程。

1. 绩效改进计划的制订

在完成系统的绩效分析后，就要开始设计能够缩小或消除绩效差距的方案，而这些方案的组合就是绩效改进计划。绩效改进计划的成功与否和改进措施的选择有直接关系。

（1）改进措施的选择

经过绩效分析环节，明确了绩效差距，选择了绩效改进点，并对影响绩效的因素有了比较清晰的认识后，就要考虑制定改进绩效的措施。改进措施的选择标准有两个，即能否对症下药和成本的高低。

一般来说，员工可采取的行动包括向主管或有经验的同事学习、观察他人的做法、参加相关培训或领域的研讨会、阅读相关的书籍等；主管可采取的行动包括参加关于绩效管理或人员管理的培训、向组织内有经验的管理人员学习、向人力资源管理专家咨询等。在环境方面，管理者可以适当调整部门内的人员分工或进行部门间的人员交流，进而改善部门内的人际关系。同时，在组织资源允许的情况下，应尽量改善工作环境和工作条件。

（2）制订绩效改进计划

绩效改进计划是关于改善现有绩效水平的计划。制订绩效改进计划，实际上就是明确具体规划应该改进什么、应该做什么、由谁来做、何时做及如何做的过程。以个人层面的绩效改进计划为例，其主要内容包括以下内容：

第一，个人基本情况、直接上级的基本情况及计划的制订和实施时间。

第二，根据上一个绩效评价周期的绩效评价结果和绩效反馈情况，确定在工作中需要改进的方面。

第三，明确需要改进的原因，并附上前一个评价周期中个人在相应评价指标上的得分情况和评价者对该问题的描述或解释。

第四，明确写出个人现有的绩效水平和经过绩效改进之后预期达到的绩效目标，并在可能的情况下将绩效目标明确地表示为在某个评价指标上的评价得分。

对存在的问题而提出的改进措施应当尽量具体，并富有针对性。除了确定每个改进项目的内容和实现手段外，还需要确定每个改进项目的具体责任人和预期需要时间，还可以说明需要的帮助和资源。比如，对员工进行培训时，应当列出培训的形式、内容、时间、责任人等。对特殊的问题，还应提出分阶段的改进意见，使员工逐步改进绩效。

此外，绩效改进计划应当是在管理者和员工进行充分沟通的基础上制订的。单纯按照管理者的想法制订绩效改进计划，可能会使改进项目脱离实际，因为管理者并不一定很确切地知道每位员工的具体问题，管理者认为应该改进的地方可能并不是员工真正需要改进的地方。另一个极端是单纯按照员工个人的想法制订计划，虽然让员工制订绩效改进计划可以激发其积极性，但是员工有可能避重就轻，漏掉重要的项目。综上可知，只有管理者和员工就某一问题进行充分探讨后，才能有效地制订绩效改进计划，进而实现绩效改进的目的。

2. 绩效改进计划的实施与评价

在制订绩效改进计划之后，管理者应该通过绩效监控和绩效沟通来实现对绩效改进计划实施过程的控制。这个控制的过程其实就是监督绩效改进计划能否按照预期计划进行，并根据评价对象在绩效改进过程中的实际工作情况，及时调整不合理的改进计划的过程。同时，管理者应当督促员工努力实现绩效改进计划，并主动与员工沟通，了解员工在这一过程中遇到了哪些困难及需要管理者提供怎样的帮助等。

第六章　职业生涯规划与劳动关系管理优化

 第一节　职业生涯规划管理优化

一、组织进行员工职业生涯管理的目的

企业的竞争优势与企业人力资源的管理效果密切相关，人力资源优势是企业维持高的经营绩效，获取竞争优势的保证。企业进行员工职业生涯管理也正是为了优化企业人力资源管理效果，提高企业竞争力。人力资源管理效果通常通过两个方面来衡量：一是人力资源行为，即工作满意度、缺勤率、流失率和生产率；二是人力资源能力，即员工的知识、技能水平。员工职业生涯管理能够有效提高人力资源管理效果，主要表现在以下三个方面。

（一）改善员工的工作环境和生活质量，提高员工工作满意度

工作满意度是指员工个人对他所从事的工作的一般态度，员工整体的工作满意度是影响企业绩效的重要因素之一。一个人的工作满意度水平高，对工作就可能持积极的态度；对工作不满意的人，就可能对工作持消极态度。长期以来，管理者有一种信念：对工作满意的员工的生产率比不满意的员工要高，因此，员工工作满意度高的企业相对而言经营绩效要好，而企业员工职业生涯管理正是为了改善员工工作环境和生活质量，从而提高员工对工作的满意度。

影响员工工作满意度的因素主要有如下五个方面：具有心理挑战性的工作、公平的报酬、支持性的工作环境、融洽的同事关系及人格与工作的匹配。企业进行员工职业生涯管理，鼓励员工关注自身的发展，同时提供机会、采用各种手段帮助员工发展自我，鼓励员工承担更具挑战性的工作，使员工有机会展示自己的技能和能力。这样，就会在企业内部营造出一个富有竞争性和挑战性的工作环境。在这种工作环境中，员工会感觉到凭借自己

的实力就能够获得公平的晋升机会和成长机会，就能够承担更多的责任，并提高自身的社会地位，他们将更能够从工作中获得满足感。

员工职业生涯管理的原则之一是鼓励员工找到自己的职业锚，发现自身稳定的、长期的贡献区，从而为企业做出更大的贡献，并获得自身的职业发展。员工在这样的职位上，将发现自己有合适的才能和能力来适应这一工作要求，并且在该岗位有可能获得成功，从而使员工有可能从工作中获得较高的工作满意度，提高工作效率。同时，企业鼓励员工的职业发展，对得到晋升或自身能力提高的员工，企业将提高其收入水平，收入的提高带来员工生活质量的提高，反过来，这又会使员工工作满意度得到进一步提升。可见，企业进行员工职业生涯管理可以通过提高员工工作满意度来改善员工绩效，从而提高企业经营绩效。

（二）提高员工的工作效率，降低流失率和缺勤率

企业进行员工职业生涯管理可以提高员工的工作参与程度及员工的工作效率。工作参与是测量一个人在心理上对他的工作的认同程度，工作参与度与员工的工作效率呈正相关。企业进行员工职业生涯管理时最重要的考虑因素之一就是人与岗匹配，即将员工放到最合适的位置上，这样员工才能发挥出他的聪明才智，做出更大贡献。有研究表明，工作水平是满意度与工作绩效之间关系的一个重要的中介变量。对于工作水平较高的员工来讲，工作满意度越高、工作绩效就越高。企业中的专业人员和管理人员均属于工作层次水平较高的人员，他们的工作绩效从某种程度上决定了整个企业的经营绩效，因此，企业侧重于对这部分员工进行职业生涯管理而这又进一步促进了这部分员工工作绩效的提升。

除此之外，企业进行员工职业生涯管理还有助于降低缺勤率和流失率。降低缺勤率对企业来说非常重要。而在企业中，流失率高意味着招聘、培训等费用提高，组织必须重新寻找能够替代的人来充实空缺岗位，企业的有效运作要受到影响。当流动过度，流走的又都是优秀员工时，将会严重影响企业的经营绩效。

缺勤率和流失率与工作满意度呈负相关，企业进行员工职业生涯管理，可以提升员工对工作的满意度，员工对工作的满意度越高、缺勤率和流失率相对则越低，从而为企业节约了相应的成本开支，保持了员工队伍的稳定性。

（三）帮助员工掌握最新知识技能，使企业保持竞争力

在知识经济时代，变化是企业经营环境的一个重要特征。知识的更新是非常迅速的，企业在这样的竞争环境中要生存、发展，必须拥有不断学习的人才。员工不仅要掌握现有

工作岗位所必需的技能，还必须及时更新知识，掌握最新的技能，以满足企业未来战略规划的需要。

员工职业生涯管理将鼓励员工终身学习，紧跟时代变化的步伐，及时更新自己的知识，开发新的技能。同时，通过有效的手段对员工进行培训、开发，培养关键职位的接班人，能够为企业未来竞争提供人力资源保证，使企业在需要时有合适的人才可以用。企业进行职业生涯管理不仅是为了维持现在的经营绩效，也是在为未来的变化做准备，使企业在未来的竞争中能够保持高的经营绩效和竞争力。

二、职业生涯管理对组织的作用

职业生涯管理不仅决定个人一生事业成就的大小，也关系到组织目标的实现与否。组织通过对员工的职业生涯管理，不但保证了对未来人才的需要，而且能使人力资源得到有效的开发。

(一) 职业生涯管理可以对组织未来的人才需要进行预测及开发

组织可以根据发展需要，预测未来组织的人力资源需求，通过对员工的职业生涯设计，为员工提供发展的空间、培训的机会和职业发展的信息，使员工的发展和组织发展结合起来，有效地保证组织未来发展对人才的需要，避免职位空缺而找不到合适人选的现象。

(二) 职业生涯管理帮助企业留住优秀的员工

组织的优秀人才流失有多方面的原因，比如专长没有得到发挥、薪酬不理想、没有晋升的机会等。组织进行职业生涯管理，重视对员工职业生涯的设计和发展，将会增加员工工作的满意度，留住和吸引优秀的人才。对于员工来说，最关心的就是自己的事业发展，如果自己的才能得到发挥和肯定，他就不会轻易地转换组织。

(三) 职业生涯管理可以使组织的人力资源得到开发

职业生涯管理能使员工的个人兴趣和特长受到企业的重视、员工的积极性得到提高、潜能得到合理的挖掘，从而有效地开发企业的人力资源，使企业更适合社会的发展和变革的需要。

三、个人职业生涯管理与优化

个人职业生涯管理与优化又称职业生涯设计，是指个人确立职业发展目标、选择职业生涯路径、采取行动和措施、并不断对其进行修正，以保证职业目标实现的过程。

职业生涯设计按照时间长短可以划分为短期、中期、长期和人生四种规划。短期规划是指两年以内的职业生涯规划，目的主要是确定近期目标，制订近期应完成的任务计划；中期规划是指 2～5 年内的职业生涯规划；长期规划是指 5～10 年内的职业生涯规划，目的主要是设定比较长远的目标；人生规划是指对整个职业生涯的规划，时间跨度可达 40 年左右，目的是确定整个人生的发展目标。

人的职业生涯是一个漫长的过程，每个人都应该有一个整体的规划，但完整的人生职业生涯规划由于时间跨度大，会因为境遇变迁而难以准确掌控，也难以具体实施。因此，我们可以把整个人生职业生涯规划分成几个长期规划，长期的规划再分成几个中期的规划，中期规划再分成几个短期的规划，这样既便于根据实际情况设定可行目标，又可随时根据现实的反馈进行修正和调整。

（一）个人职业生涯管理与优化的原则

在做职业生涯设计时既要有挑战性，又要避免好高骛远，同时还应保持一定的灵活性，便于根据自身和环境的变化适时做出调整。实施规划时应遵循以下原则，避免走不必要的弯路。

第一，清晰性原则。考虑职业生涯目标、措施是否清晰、明确，实现目标的步骤是否直截了当。

第二，挑战性原则。目标或措施是否具有挑战性，还是仅保持其原来状况而已。

第三，动态性原则。目标或措施是否有弹性或缓冲性，是否能根据环境的变化而进行调整。

第四，一致性原则。主要目标与分目标是否一致，目标与措施是否一致，个人目标与组织发展目标是否一致。

第五，激励性原则。目标是否符合自己的性格、兴趣和能力，是否能对自己产生内在激励作用。

第六，全程原则。拟定职业生涯规划时，必须考虑到职业生涯发展的整个历程，基于全程去考虑规划。

第七，具体原则。职业生涯规划各阶段的路线划分与行动计划必须具体可行。

第八，可评量原则。规划的设计应有明确的时间限制或标准，以便评量、检查，使自己随时掌握执行状况，并为规划的修正提供参考依据。

（二）影响个人职业生涯规划的因素

1. 个人方面

影响职业生涯规划个人方面的因素包括：个人的心理特质，如智能、性格、兴趣等；生理特质，包括性别、身体状况及外貌等；学历经历，包括所接受的教育程度、训练经历、社团活动、工作经验等。下面主要介绍性格、兴趣及能力对职业生涯规划的影响。

（1）性格与职业

性格是指表现在人对现实的态度和相应行为方式中比较稳定的、具有核心意义的个性心理特征，是一种与社会关系最密切的人格特征。性格表达了人们对周围世界的态度，并体现在人们的行为举止中。每个人可以根据自己的职业性格来选择适合的职业。

（2）兴趣与职业

兴趣是人们认识与研究某种事物或从事某种活动的积极态度和倾向，是在一定需要基础上，在社会实践中发生和形成的，因人而异、各有不同。兴趣在人的职业选择过程中具有重要作用，是人进行职业选择的重要依据。

当一个人对某种事物产生兴趣时，就能敏锐地感知事物、积极思考、情绪高涨、想象丰富，并具有克服困难的意志。兴趣也能影响工作满意度和稳定性，一般来说，从事自己不感兴趣的职业，很难让人感到满意，并因此感到工作不稳定。

（3）能力与职业

能力是指人们能够从事某种工作或完成某项任务的主观条件。这种主观条件受两方面因素影响：一是先天遗传因素，二是后天的学习与实践因素。人们的能力可分为一般能力和特殊能力两大类。一般能力通常又称为智力，包括注意力、观察力、记忆力、思维能力和想象力等，是人们顺利完成各项任务必须具备的一些基本能力；特殊能力是指从事各项专业活动的能力，也可称为特长，如音乐能力、语言表达能力、空间判断能力等。能力是一个人完成任务的前提条件，是影响工作效果的基本因素。因此，了解自己的能力倾向及不同职业的能力要求对合理地进行职业选择具有重要意义。

从能力存在差异的角度来看，在职业选择时应遵循以下原则：①能力类型与职业相吻合。人的能力类型是有差异的，即人的能力发展方向有所不同。职业研究表明，职业可以划分为不同类型，对人的能力也有不同要求，因而应注意能力类型与职业类型的吻合。②一般能力与职业相吻合。不同职业对人一般能力的要求各有不同，如律师、科研人员、大学教师等要求从业人员具备较高的智商。③特殊能力与职业相吻合。要顺利完成某项工作，除具有一般能力外，还应具备完成该项工作所必需的特殊能力。如从事教育工作需具备良好的阅读能力和表达能力，建筑工则必须具备一定的空间判断能力等。

2. 组织方面

企业内部环境对个人职业生涯有直接的影响，个体发展与企业发展息息相关。对企业环境进行客观分析，可以准确了解企业的实际状况及发展前景，把个体发展与企业发展联系在一起，并将其融入企业发展中，有利于个人做出合理的职业生涯规划。

（1）企业文化

企业文化决定了企业对待其员工的态度，在一定程度上会左右员工的职业生涯。员工的价值观与企业文化有冲突，无法适应企业文化，在组织中的发展就会受到很大的影响。所以，企业文化是个人在制订职业生涯规划时要考虑的重要因素。

（2）企业制度

企业员工的职业发展，归根到底要靠企业管理制度来保障，比如有效的培训制度、晋升制度、绩效考核制度、奖惩制度、薪酬制度等。没有制度或者制度不完善的企业，员工的职业发展就难以顺利实现。

（3）领导人的素质和价值观

企业文化和管理风格与其领导人的素质和价值观有直接的关系。企业主要领导人的抱负及能力是企业发展的决定因素，对员工的职业发展有着重要影响。

（4）企业实力

企业在本行业中是具备了很强的竞争力，还是处于一个很快就会被吞并的地位？在激烈的市场竞争中，所谓适者生存，意思是只有适应环境、适应发展趋势的企业才能生存。选择进入有实力、有潜力的企业，对个人职业生涯的开展非常有利。

（5）企业所在行业环境

行业环境将直接影响企业的发展状况，进而也影响到个人的职业生涯发展。健康的行业环境有助于个人职业目标的更好实现。行业环境包含以下内容：①行业发展现状。对行业发展现状进行分析，深入了解所处行业当前的发展态势及存在的问题，进而预测行业的发展趋势、发展前景。②国际国内重大事件对该行业的影响。行业的发展容易受到国际国内重大事件的推动或冲击，从而影响到该行业提供职业机会的多寡。

3. 社会方面

（1）经济发展水平

经济发展水平较高的地区，优秀企业相对集中，个人职业选择的机会较多，有利于个人职业发展；反之，经济落后地区，个人职业选择机会少，个人职业生涯也会受到限制。

（2）社会文化环境

社会文化是影响人们行为、欲望的基本因素，主要包括教育条件、教育水平及社会文化设施等。在良好的社会文化环境熏陶下，个人素质、个人能力会得到大幅度的提升，从而为职业生涯打下更好的基础。

（3）政治制度和氛围

政治和经济是相互影响的，政治不仅决定着一国的经济体制，而且左右着企业的组织体制。同时，政治制度和氛围还会潜移默化个人的志向与追求，从而直接影响到个人的职业发展。

（4）价值观念

一个人生活在社会环境中，必然会受到社会价值观念的影响，个人价值取向很大程度上被社会主体价值取向所左右，进而影响到个人的职业选择。

（三）个人职业生涯规划的步骤

个人职业生涯规划一般要经过自我剖析、职业发展机会评估、设定职业生涯目标、选择职业生涯路径、制定职业发展策略和职业生涯评估与调整等六个步骤来完成。

1. 自我剖析

自我剖析是对与职业选择相关的自身情况进行剖析、评估。它包括对人生观、价值观、受教育水平、职业锚、兴趣和特长等进行分析，达到全面认识自己、了解自己的目的。自我剖析是职业生涯规划的基础，直接关系到个人职业生涯的成功与否。

橱窗分析法是自我剖析的重要方法之一。心理学家把对个人的了解比喻成一个橱窗，将其放在一个坐标轴中加以分析。坐标的横轴正向表示别人知道，负向表示别人不知道；纵轴正向表示自己知道，负向表示自己不知道。

2. 职业发展机会评估

员工在进行职业生涯规划时，除了对自身的优劣势进行分析和评价外，还要对所处的外部环境进行评估。个人所处的环境决定了个人职业生涯发展的机会。职业生涯发展机会评估的准确与否，影响着个人对时机与机遇的把握。所以，制订个人的职业生涯规划时，要分析所处环境的特点、环境的发展变化趋势、自己与环境的关系、自己在环境中的地位、环境对自己职业生涯目标有利和不利的地方等。所处的环境一般包括社会环境、组织环境、政治环境及经济环境等。

3. 设定职业生涯目标

职业生涯目标的设定是职业生涯规划的核心。在确定职业生涯目标过程中需要注意以下几点：①目标要符合社会与组织的需要；②目标要适合自身的特点，并使其建立在自身的优势之上；③目标要高远但绝不能好高骛远；④目标幅度不宜过宽，最好选择窄一点的领域，并把全部身心力量投入进去，这样更容易获得成功；⑤要注意长期目标与短期目标的结合，长期目标指明了发展的方向，短期目标是实现长期目标的保证，长、短期目标结合更有利于职业生涯目标的实现；⑥目标要明确具体，同一时期的目标不要太多，目标越简单、越具体，就越容易实现，越能促进个人的发展；⑦要注意职业目标与家庭目标及个人生活和健康目标的协调与结合，家庭与健康是事业成功的基础和保障。

4. 选择职业生涯路径

在确定职业生涯目标后，就面临着职业生涯路径选择的问题。所谓职业生涯路径，就是指选定职业后实现职业目标的具体方向，比如是向着专业技术方向发展，还是向着行政管理方向发展。

由于不同的职业路径对发展的要求不一样，职业路径规划是进行职业生涯规划时必须面临的选择，只有做出了明确的选择，才便于安排以后的学习和工作，并使其沿着既定的路线和方向平稳发展。个人在进行职业生涯路径选择时，可以从三个方面考虑：①我希望沿着哪一条路径发展，即确定自己的人生目标取向；②我适合往哪一条路径发展，即确定自己的能力取向；③我能够沿着哪一条路径发展，即主要考虑自身所处的社会环境、政治与经济环境、组织环境等。

5. 制定职业发展策略

无论多么美好的理想和想法，最终都要落实到行动上才有意义，否则都是空谈。在确定职业生涯目标和路径后，行动就成为关键的环节。为保证行动与努力目标一致，需要最大限度地根据个人职业生涯发展规划来约束自己的行为，并采取措施，把目标转化成具体的行动方案。

6. 职业生涯评估与调整

由于诸多不确定因素的存在，会使既定的职业生涯目标与规划出现偏差，因此需要适时地对职业生涯目标与规划进行评估并做出相应调整，以更好地符合自身和社会发展的需要。调整的内容主要包括职业生涯路径的选择、职业生涯目标的修正及职业生涯策略等。

(四) 个人职业生涯成功的评价标准

职业生涯成功是指个人实现了自己的职业生涯目标。职业生涯成功的含义因人而异，具有很强的差异性。对有些人来讲，职业生涯成功可能是一个抽象的、不能量化的概念，例如家庭幸福、职务上的不断晋升等。职业生涯成功对同样的人在不同的人生阶段也有着不同的含义。对于年轻员工来说，职业生涯的成功往往首先体现为在工作中产生满足感与成就感，并使工作更具挑战性。每个人都应该对自己的职业生涯成功进行明确界定，包括成功意味着什么，成功时发生的事和一定要拥有的东西，成功的时间、成功的范围、成功与健康，被承认的方式，想拥有的权势和社会地位等。要对职业生涯成功进行全面的评价，就必须综合考虑各个方面因素，而每一个方面都应该有相应的评价内容和标准。

四、组织职业生涯管理与优化

组织职业生涯管理与优化是组织根据自身发展目标，及时地向员工提供在本组织内职业发展的有关信息，给予员工公平竞争的机会，并提供职业咨询，引导员工对自己的能力、兴趣及职业发展的要求和目标进行分析与评估，使其能与企业组织的发展和需要相统一，以实现组织和个人的长远利益。

（一）组织职业生涯管理与优化中各主体职责划分

组织职业生涯管理与优化的实施是一个系统的过程，需要各个主体的有效配合，各自承担相应的职责。一般来说，员工个人负责自我评估，进行个人职业生涯规划；管理者为员工提供辅导并安排形势分析；组织者负责提供培训指导、信息资源。

一般而言，员工的责任包括以下内容：对自己的能力、兴趣和价值观进行自我评价；分析职业生涯选择的合理性；确立发展目标和需要；和上司交换发展愿望；和上级一起制订行动计划；落实并实施该行动计划。

管理者的责任一般包括以下六个方面：一是作为催化剂，引导员工正确认识自身职业生涯发展的过程。二是对员工所提供的信息，进行确认与评估。三是帮助员工对其职业发展目标及规划进行分析和评价。四是对员工进行指导，并实现与企业战略需求相一致的个人发展目标。五是确定员工的职业生涯发展机会，包括安排培训、转岗等。六是跟踪员工的计划，并根据形势，适时对计划进行更新。

组织的责任是提供职业生涯规划所需的样板、资源、辅导及决策所需的信息；采取有效手段对员工、管理人员及参与实施职业生涯规划的工作人员进行必要的培训；提供技能培训，为员工安排职业锻炼机会和个人发展空间。

（二）组织职业生涯管理与优化的意义

对于组织而言，职业生涯管理与优化的意义主要体现在以下三个方面：

第一，职业生涯管理与优化是企业资源合理配置的首要问题。人力资源是一种可以不断开发并不断增值的增量资源，因为通过人力资源的开发能不断更新人的知识、技能，提高人的创造力，从而使无生命的"物"的资源被充分利用。特别是随着知识经济时代的到来，知识已成为社会的主体，而掌握和创造这些知识的就是"人"，因此企业更应注重人的智慧、技艺、能力的提高与全面发展，通过加强职业生涯管理，使人尽其才、才尽其用，是企业资源合理配置的首要问题。如果离开"人"的合理配置，企业资源的合理配置就是一句空话。

第二，职业生涯管理与优化能充分调动人的内在积极性，更好地实现企业组织目标。职业生涯管理的目的就是帮助员工提高在各个需要层次的满足度，使人的需要满足度从金字塔形向梯形过渡最终接近矩形，使员工的低层次物质需要和精神方面高级需要的满足度同时得到提高。因此，职业生涯管理立足于友爱、尊重、自我实现的需要。真正了解员工在个人发展上想要什么，协调其制订规划，帮助其实现职业生涯目标，这样就必然会激起员工强烈地为企业服务的精神力量，进而形成企业发展的巨大推动力，更好地实现企业组织目标。

第三，职业生涯管理与优化是企业长盛不衰的组织保证。任何企业成功的根本原因是拥有高质量管理者和高质量员工。人的才能和潜力能得到充分发挥，人力资源不会虚耗、浪费，企业的生存成长就有了取之不尽、用之不竭的源泉。发达国家的重要资本是其所积累的经验、知识和训练有素的人力资源。通过职业生涯管理努力提供员工施展才能的舞台，充分体现员工的自我价值，既是留住人才、凝聚人才的根本保证，也是企业长盛不衰的组织保证。

(三) 职业生涯周期管理

从组织的角度来讲，职业生涯管理就是帮助员工协调组织与个人的职业生涯目标，为员工提供指导，帮助员工顺利实现自己的职业目标。员工的职业生涯一般可分为早期、中期和晚期三个阶段，不同阶段企业职业生涯管理的侧重点也不一样。

1. 职业生涯早期的管理

职业生涯早期阶段是指一个人由学校进入组织并在组织内逐步"组织化"，并为组织所接纳的过程。这一阶段一般发生在 20～30 岁，一系列角色和身份的变化，必然要求经历一个适应过程。在这一阶段，个人的组织化及个人与组织的相互接纳是个人和组织共同面临的、重要的职业生涯管理任务。

（1）职业生涯早期阶段的个人特征

在职业生涯早期阶段，员工个人年龄正值青年时期，这一阶段任务较为单纯、简单；个人的主要任务：进入组织，学会工作，学会独立，并寻找职业锚，完成向成年人的过渡。这个阶段员工的个人特征主要有以下五方面。

第一，职业方向不是很明晰。员工进入企业后，开始接触自己职业领域的知识、技能，并逐步尝试在自己的工作中积累经验。员工除了对工作岗位缺乏经验外，对企业的文化也比较陌生，对周围的环境也不熟悉，需要逐步地适应环境。员工对自己的职业能力和未来发展还没有形成较明确的认识，尚处于职业生涯探索期，职业锚的选择常常犹豫不决或变化不定。

第二，精力充沛。处于职业生涯早期的员工，精力充沛，家庭负担比较轻；心态上积极向上、争强好胜、追求上进，对未来充满幻想、充满激情，有足够的精力来应对可能出现的工作困难。

第三，容易产生职业挫折感。这一阶段员工具有较高的工作期望，但由于缺少经验和对环境及自身的充分认知，工作中经常高估自己。一旦自己的期望与现实发生冲突，或付出了很大努力没有达到预期目标，会产生职业挫折感。培养对挫折的抵抗力，对个体有效地适应职业环境、维持正常的心理和行为是非常重要的。

第四，开始具有家庭责任意识。员工在这一阶段开始组建家庭，并萌生家庭责任意识，逐步学习调适家庭关系的能力，承担家庭责任，逐步学会与父母、配偶等家人和睦相处。

第五，心理上存在独立和依赖并存的矛盾。在心理方面，员工要解决依赖与独立的矛盾。刚开始参加工作，常会处于配合、支持其他有经验的人的地位，但是依赖是独立的前奏，当经过一段时间的学习和积累，工作经验和能力发展到一定程度后，就应该逐步地寻求独立，如果不能及时地克服依赖，就难以发展独立性。

（2）组织在员工职业生涯早期的管理优化策略

组织在员工职业生涯早期的管理优化策略有以下四种：

①支持员工的职业探索

员工对自我的认识有一个探索过程。员工选择进入某一企业或应聘某一职位是建立在对自己兴趣、能力等的单方面评价的基础上的，这种自我评价不可避免地带有个人的主观色彩。此外，员工对企业的了解不够深入，选择的职位有可能不适合自己的发展目标。为了实现个人与职位的最佳匹配，组织应该提供各种职位空缺的信息，并进行广泛的传播，让感兴趣的员工都有机会参与这些职位的竞争角逐。另外，企业还可以根据不同类型员工的特征，采取相应的职业支持措施，在企业的引导和资源支持下，员工可以对自身有更充分的认识，评估的客观性增强，从而完成职业的再探索和再选择过程。

②促进员工的社会化

员工的社会化是指企业中的新员工融入企业文化的过程。员工社会化一方面要靠员工自己的努力，另一方面也需要组织提供相应的条件来促进员工的社会化。培训是促进员工社会化的一种比较好的形式，组织通常选择与员工的适应和发展相关的内容进行培训。培训内容应包括组织历史、组织使命、组织结构、与组织老成员和直接主管交谈、参观、报告会等。培训要有针对性地持续进行，培训内容要向新成员传达他们想知道的具体信息。

③安排一位好"师父"

为员工安排正式的导师（师父），这在国外已被证明是成功的经验。在员工开始职业生涯的头一年里，一位受过特殊训练、具有较高工作绩效和丰富的工作经验的"师父"，可以帮助他们更快地建立起较高的工作标准，同时也可对他们的工作提供有力支持，帮助其获得成功。

④指导员工进行早期职业生涯规划

依据马斯洛的需求层次理论，职业发展规划属于满足人自我实现需求的范畴，会产生强大的激励作用。因此，企业要留人、要发展，就应该尽早为员工规划职业生涯，使员工看到未来发展的希望，增强归属感，在提高员工自身素质的同时也就提高了企业竞争力。企业应该了解员工的需要、能力及自我目标，加强个体管理；再辅以按照员工兴趣、特长和公司需要相结合的培训发展计划，充分挖掘员工潜力，使其真正安心于企业工作并发挥最大潜能，创造出企业与员工持续发展的良好氛围与条件。管理者和员工应就个体的职业需要和发展要求等问题进行沟通；企业对个体的职业发展提供咨询和建议。

2. 职业生涯中期的管理

职业生涯中期阶段是一个时间周期长（年龄跨度一般是 25～50 岁，长达 20 多年）、富于变化、正值复杂人生的关键时期，由于个人三个生命周期的交叉运行、面临诸多问题和生命周期运行的变化，以及个人特质的急剧变化，导致某些员工职业问题的存在，形成所谓的"职业生涯中期危机"。

（1）员工职业生涯中期阶段的问题

员工职业生涯中期阶段一般会出现以下问题：

第一，职业生涯发展机会减少。处于职业生涯中期的员工，面临的主要问题之一是个人的发展机会减少，即个人的发展愿望没有得到满足，组织成为制约个人发展的"瓶颈"。通常组织对各类人员的需求量不同，整个组织的人员层次分布类似于金字塔。许多人由于缺乏竞争力，争取高级职位就比较困难，会感到前途渺茫。此外，组织成熟度本身也是一个十分重要的制约因素。在组织的开拓时期，由于事业发展很快，不断产生新兴事业，个人发展机会比较多，一旦事业发展走向成熟期，新的岗位增加缓慢，老的岗位基本已经被占据，导致晋升机会减少，个人发展困难。

第二，出现技能老化。所谓技能老化，是指员工在完成初始教育后，由于缺乏对新兴工作的了解，而导致能力下降。员工的技能老化使公司不能为顾客提供新产品和新服务，从而丧失竞争优势。

第三，出现工作与家庭冲突。职业生涯中期是家庭、工作相互作用最强烈的时间段。工作家庭冲突有三种基本形式：时间性冲突，由于时间投入到一个角色中从而使执行另一角色变得困难；紧张性冲突，由于一个角色产生的紧张使执行另一角色变得困难；行为性冲突，一个角色中要求的行为使执行另一个角色变得困难。处于职业生涯中期的员工，从家庭和事业角度看，对人的时间和精力的需求都在增加；而从生理角度看，个人的精力又有下降趋势，因此冲突在所难免。

（2）职业生涯中期的企业管理优化对策

第一，为员工提供更多的职业发展机会。

组织需要为发展到一定阶段的员工创造新的发展机会，这一方面是解决处于职业生涯中期的员工职业生涯顶峰的问题，同时也是组织留住人才的关键。这一问题的解决方案有以下三种：①开辟新的开发项目，以增加组织的新岗位。②通过某种形式，承认员工的业绩，给予一定的荣誉。③进行岗位轮换，丰富员工的工作经验，使员工的成长需求得到满足。

第二，帮助员工实现技能更新。

组织帮助处于职业生涯中期的员工实现技能更新的方案如下：从主管的角度来说，需要鼓励员工掌握新技能，同时让员工承担具有挑战性的工作；从同事角度来说，要与员工共同探讨问题，提出想法，鼓励员工掌握新技能；从组织奖励体系来看，可以通过带薪休假、奖励创新、为员工支付开发活动费用等方法鼓励员工更新技能和知识。

第三，帮助员工形成新的职业自我概念。

职业生涯中期，由于个人的职位、地位上升困难，许多员工经历过一些失败，使早期确立的职业理想产生动摇，因此需要重新检讨自己的理想和追求，建立新的自我。为此，个人需要获得相关的信息，比如关于职业发展机会的信息，自己的长处和不足的信息等。

第四，丰富员工的工作经验。

工作经验丰富，本身就是职业生涯追求的目的。有意识地进行工作再设计，可以使员工产生对已有工作的再认识、再适应，产生积极的职业情感。

第五，协助员工解决工作和家庭之间的冲突。

研究表明，来自家庭和来自工作场所的社会支持有助于减少工作和家庭之间的冲突。工作环境的支持主要体现在组织的一些政策和管理者的行为上。组织可以采取一些政策和措施以部分地减轻员工的家庭负担，帮助员工平衡工作与家庭责任。

3. 职业生涯后期的管理

一般而言，职业生涯后期可以划定在退休前 5～10 年的时间。由于职业性质及个体特征的不同，个人职业生涯后期阶段开始与结束的时间也会有明显的差别。这一阶段，员工社会地位和影响力较高，凭借丰富的经验，在企业中扮演着元老的角色。但是，随着年龄的增长，进取心和创造力显著下降，工作开始安于现状。面临职业生涯的终结，员工还会产生不安全感，担心经济收入的减少、社会地位的降低、疾病的出现等，帮助员工顺利度过这段时间，是组织义不容辞的责任。

对职业生涯后期的员工，管理内容主要是实施退休计划管理，帮助员工树立正确观念，坦然面对退休，并要采取多种措施，做好员工退休后的生活安排。组织应该帮助他们学会接受职业角色的变化，做好退休生活的准备工作。对精力、体力尚好的员工，可以采取兼职、顾问的方式予以聘用，以延长其职业生涯；对完全退休的员工，企业可通过书画、棋牌、钓鱼等协会活动，安排他们度过丰富多彩的退休生活。

另外，职业工作衔接管理也是退休计划管理的重要内容，员工将要离开工作岗位，但组织要能继续正常运转，就必须做好工作衔接。组织要有计划地分期分批安排应当退休的人员退休，绝不能因为人员退休影响组织工作的正常进行。所以，组织在退休计划中，应该尽早选择好退休员工的接替者，发挥退休员工的经验优势，进行接替者的培养工作，通过老员工的传、帮、带，让接替者尽快掌握相关岗位的技能，才能确保工作的正常进行。

 第二节　劳动关系管理优化

一、劳动合同管理优化

劳动合同管理是指根据国家法律、法规和政策的要求，运用组织、指挥、协调、实施职能对合同的订立、履行、变更、解除、终止等全过程的行为所进行的一系列管理工作的总称。劳动合同管理是人力资源管理中重要的一个环节。加强劳动合同管理，提高劳动合同的履约率，对于提高劳动者的绩效、激发劳动者的积极性、维护和谐的劳动关系、促进企业的健康发展来说具有十分重要的意义。

（一）劳动合同管理概述

劳动合同亦称劳动契约、劳动协议，是指劳动者与用人单位之间为确立劳动关系，依法协商就双方权利和义务达成的协议，是劳动关系设立、变更和终止的一种法律形式。根据这种协议，劳动者加入企业、个体经济组织、事业组织、国家机关、社会团体等用人单位，成为该单位的一员，负责一定的工种或岗位工作，并遵守所在单位的内部劳动规则和其他规章制度；用人单位则应及时安排被录用的劳动者工作，按照劳动者劳动的数量和质量支付劳动报酬，并且根据劳动法律、法规和劳动合同提供必要的劳动条件，保证劳动者享有劳动保护及社会保险、福利等权利和待遇。

用人单位劳动合同管理，即用人单位依据法律和本单位的规章制度，运用组织、指挥、协调、实施职能对劳动合同的订立、履行、变更、解除和终止等进行管理的行为。它是单位组织微观劳动管理的基本组成部分和组织劳动过程的必要手段。其内容主要包括：制订劳动合同制度的实施方案；组织和指导劳动合同的签订；监督劳动者和单位相关部门对劳动合同的履行；结合劳动合同履行情况与劳动者进行相应的劳动合同变更、解除或终止等；劳动争议的处理；总结劳动合同管理的经验和存在的问题等。

用人单位劳动合同管理的主要方式有以下六种：一是完善劳动合同内容。二是建立和运用切实有效的管理手段，促进劳动合同的履行。三是建立职工名册，实现对劳动者的精细管理。四是建立和完善与劳动合同制度相关的规章制度，包括薪酬、工时、休息休假、劳动保护、保险福利制度等。五是实行劳动合同管理工作责任制，把工作落实到岗位和责任人。六是加强劳动合同管理制度的监督工作，如工会和劳动者的监督等。

（二）劳动合同管理优化的意义

第一，有利于促使企业依法订立劳动合同并严格履行。现阶段，由于人们的法治观念和合同意识还不强，不依法订立和履行劳动合同的现象在不少地区和单位都不同程度地存在着。有的单位不尊重劳动者的合法权益，单方面拟定合同条款，包办签订劳动合同；有的劳动合同条款未能体现公平原则，只规定劳动者违约应承担的责任；有的劳动合同条款不清、标的不明，例如有的用人单位随意变更劳动合同约定的工种和期限；有的用人单位和职工违反法律规定擅自解除劳动合同。这些问题的存在，造成了用人单位和劳动者之间的矛盾和纠纷，导致劳动合同无法履行。通过加强劳动合同管理，及时发现和纠正劳动合同订立和履行中存在的问题，维护劳动合同的严肃性，可以有效地提高劳动合同的履约率。

第二，有利于提高劳动合同双方遵守和执行劳动合同的自觉性，促进劳动关系的稳定发展。随着用人制度的改革，劳动合同履行过程中的问题越来越多。在一些国有企业，劳动者"跳槽"的现象十分严重，有的劳动者没有"合同"观念，合同期限未满却不辞而别，给企业生产带来困难，影响了企业的发展；而在一些非国有企业，用人单位违反劳动合同规定，随意解雇职工的现象很严重，给劳动者的就业和生活造成很大影响。以上两种情况，都严重影响劳动关系的稳定。因此，加强对劳动合同执行情况的监督检查力度，教育劳动合同主体双方严格履行劳动合同，并对违约者给予一定的处罚，对劳动关系的稳定和健康发展、维护双方的合法权益、促进企业内部生产秩序和工作秩序的稳定、提高企业的经济效益，都具有十分重要的意义。

第三，有利于预防和减少劳动争议，促进企业劳动制度改革的深化。据对因劳动合同发生的劳动争议案件进行的分析，我们大致可以了解以下三种情况：劳动合同这种法律形式尚未被劳动关系双方所认识，体现在行动上，即双方不能按劳动合同条款办事；劳动合同制度不完善，尤其缺乏必要的劳动合同管理制度，对在合同执行中出现的问题，难以通过制度加以约束和解决；由于对劳动合同监督检查不力，无法及时发现和处理劳动合同履行各个环节出现的问题等。加强劳动合同管理，包括对合同双方进行法制教育、健全各项管理制度、开展监督检查活动等，使劳动合同制度化、规范化，就可以有效地防止劳动争议案件的发生，一旦发生矛盾和纠纷，也能及时发现并采取有效的处理办法，从而使双方的矛盾和纠纷得以缓解或解决。

作为一种新型的用人制度，劳动合同制度已在全国普遍推行，但是，其巩固和发展还有漫长的路程。加强劳动合同管理，是巩固和发展劳动合同制度的重要环节；通过加强劳动合同管理，劳动关系双方对劳动合同制度的认识可以得到提高；发挥劳动合同制度的优越性，这项制度就能在调动劳动者的积极性、提高企业的经济效益方面发挥更大的作用。

(三) 劳动合同的种类

劳动合同按照不同的标准，可以分为不同的种类。

1. 按劳动合同期限分类

按照劳动合同期限的不同，劳动合同可分为固定期限劳动合同、无固定期限劳动合同和以完成一定工作任务为期限的劳动合同。

固定期限劳动合同是指用人单位与劳动者约定合同终止时间的劳动合同。期限可长可短，由当事人在订立劳动合同时商定。劳动合同期限届满，劳动关系终止。

无固定期限劳动合同，是指用人单位与劳动者约定无确定终止时间的劳动合同。用人单位与劳动者协商一致，可以订立无固定期限劳动合同。有下列情形之一，劳动者提出或者同意续订、订立劳动合同的，除劳动者提出订立固定期限劳动合同外，应当订立无固定期限劳动合同：①劳动者在该用人单位连续工作满十年的。②用人单位初次实行劳动合同制度或者国有企业改制重新订立劳动合同时，劳动者在该用人单位连续工作满十年且距法定退休年龄不足十年的。③连续订立两次固定期限劳动合同，且劳动者没有《劳动合同法》第三十九条和第四十条规定的情形，续订劳动合同的。另外，用人单位自用工之日起满一年不与劳动者订立书面劳动合同的，被视为用人单位与劳动者已订立无固定期限劳动合同。

以完成一定工作任务为期限的劳动合同，是指用人单位与劳动者约定以某项工作的完成为合同期限的劳动合同。

2. 按用工方式分类

以用工方式为标准，广义的劳动合同可分为全日制劳动合同、非全日制劳动合同、劳务派遣合同。

全日制劳动合同是劳动合同的一般形式，非全日制劳动合同与劳务派遣合同是劳动合同的特殊形式。

在我国，非全日制用工，是指以小时计酬为主，劳动者在同一用人单位一般平均每日工作时间不超过 4 小时，每周工作时间累计不超过 24 小时的用工形式。非全日制劳动合同就是非全日制劳动者与用人单位订立的有关劳动权利和劳动义务的协议。非全日制用工在劳动合同的形式、订立、终止、经济补偿等方面与劳动合同的法律规定不同，具体表现为以下六方面：①双方当事人可以订立口头协议。②从事非全日制用工的劳动者可以与一个或者一个以上的用人单位订立劳动合同，但是，后订立的劳动合同不得影响先订立的劳动合同的履行。③不得约定试用期。④当事人任何一方都可以随时通知对方终止用工，且用人单位不向劳动者支付经济补偿。⑤小时计酬标准不得低于用人单位所在地人民政府规定的最低小时工资标准。⑥非全日制用工劳动报酬结算支付周期最长不得超过 15 日。

劳务派遣合同是指劳务派遣单位（即用人单位）与劳动者订立的旨在将劳动者派遣至用工单位劳动的有关劳动权利和劳动义务的协议。在劳务派遣制度下，劳务派遣单位并不直接使用该劳动者，而是将劳动者派遣到用工单位（即接受以劳务派遣形式用工的单位）的工作场所，在用工单位的指挥监督下从事劳动，劳动关系已经从传统的劳动者与用人单位之间的两方关系，演变成劳动者、劳务派遣机构（用人单位）及用工单位之间的三方关系。该劳动合同除应当载明一般劳动合同的内容外，还应当载明被派遣劳动者的用工单位及派遣期限、工作岗位等情况。劳务派遣单位应当与被派遣劳动者订立两年以上的固定期限劳动合同，按月支付劳动报酬；被派遣劳动者在无工作期间，劳务派遣单位应当按照所在地人民政府规定的最低工资标准，按月向其支付报酬；劳务派遣单位派遣劳动者应当与接受以劳务派遣形式用工的单位（即用工单位）订立劳务派遣协议；劳务派遣协议应当约定派遣岗位和人员数量、派遣期限、劳动报酬和社会保险费的数额与支付方式及违反协议后应承担的责任。

3. 按劳动者一方人数多少分类

以劳动者一方人数的多少为标准，劳动合同可分为个体劳动合同和集体合同。一般的劳动合同指的是个体劳动合同，即劳动者个人与用人单位达成的有关劳动权利和劳动义务的协议。集体合同是指劳动者集体或者工会与用人单位或者用人单位代表就有关劳动报酬、工作时间、休息休假、劳动安全卫生、保险福利等事项达成的协议。根据集体合同调整的层次不同，可以分为全国性集体合同、区域性集体合同、行业性集体合同及企业集体合同。

4. 按劳动合同是否典型分类

以用工形式为标准，劳动合同可以分为典型劳动合同与非典型劳动合同。随着社会经济的发展及科学技术的进步，各种适用于非典型劳动合同的工作开始出现。如劳务派遣、非全日制工作、临时工作、家内劳动及远程工作等。我国《劳动合同法》首次以法律的形式规定了劳务派遣与非全日制工作这两种非典型劳动合同。

（四）劳动合同的内容和形式

劳动合同的内容是指劳动者与用人单位双方通过平等协商所达成的关于劳动权利和劳动义务的具体条款，是劳动合同的核心部分，具体表现为劳动合同的条款。依据《劳动合同法》的规定，劳动合同的条款分为以下三类条款：

第一，法定必备条款。法定必备条款是指劳动合同法规定的劳动合同中必须具备的条款。劳动合同应当具备以下条款：用人单位的名称、住所和法定代表人或者主要负责人；劳动者的姓名、住址和居民身份证或者其他有效身份证件号码；劳动合同期限；工作内容和工作地点；工作时间和休息休假；劳动报酬；社会保险；劳动保护、劳动条件和职业危害防护；法律、法规规定应当纳入劳动合同的其他事项。

第二，协商约定条款。协商约定条款是指在必备条款之外，劳动者和用人单位经过协商认为需要约定的条款。根据是否为法律所规定，协商约定条款又可以分为两种：一是法定协商约定条款，用人单位与劳动者可以约定试用期、培训、保守秘密、补充保险和福利待遇等其他事项。二是任意协商约定条款。任意协商约定条款是指完全由劳动者与用人单位协商，法律未做任何规定的条款，如为职工提供商业保险、住房、班车、托儿所及子女入学便利等。

第三，法定禁止约定条款。法定禁止约定条款是指法律规定的禁止在劳动合同中约定的条款。

劳动合同的形式是指劳动合同当事人双方所达成协议的表现形式，是劳动合同内容的外部表现和载体。《中华人民共和国劳动法》和《中华人民共和国劳动合同法》均规定，劳动合同应以书面形式订立，排除了口头及其他形式。已建立劳动关系，未同时订立书面劳动合同的，应当自用工之日起一个月内订立书面劳动合同。用人单位自用工之日起满一年不与劳动者订立书面劳动合同的，视为用人单位与劳动者已订立无固定期限劳动合同；如未订立书面劳动合同，用人单位自用工之日起超过一个月不满一年未与劳动者订立书面劳动合同的，应当向劳动者每月支付两倍的工资。

（五）劳动合同的订立

劳动合同的订立是指劳动者与用人单位为建立劳动关系，依法就双方的劳动权利义务协商一致，达成协议的法律行为。订立劳动合同，应当遵循合法、公平、平等自愿、协商一致、诚实信用的原则。

用人单位招用劳动者时，应当如实告知劳动者工作内容、工作条件、工作地点、职业危害、安全生产状况、劳动报酬，以及劳动者要求了解的其他情况。用人单位有权了解劳动者与劳动合同直接相关的基本情况，劳动者应当如实说明。用人单位招用劳动者，不得扣押劳动者的居民身份证和其他证件，不得要求劳动者提供担保或者以其他名义向劳动者收取财物。

劳动合同的订立经过要约与承诺两个阶段。

所谓要约，是指劳动者或用人单位向对方提出的、希望订立劳动合同的表示。发出要约的一方称为要约人，接受要约的一方称为受要约人。要约人可以是劳动者，也可以是用人单位。要约的内容应具体确定，表明经受要约人承诺，要约人即受该意思表示约束，并应向受要约人发出。

一般来说，受要约人应该是特定的人。但实践中常见的劳动合同订立程序，往往是先由用人单位公布招工（招聘）简章，其中载明录用（聘用）条件、录用（聘用）后的权利义务、报名办法等内容，然后由劳动者按照招工（招聘）简章的要求报名应招（应聘）。用人单位公布招工（招聘）简章的行为是针对不特定的多数人发出的，因而不是要约，而是希望他人向自己发出要约的表示，其性质为要约邀请。劳动者应招（应聘）的行为符合要约的条件，应为要约。用人单位与劳动者进行反复协商、谈判的行为，则为反要约，或称之为新要约。直到任何一方同意了对方提出的条件，即构成承诺。

所谓承诺，是指受要约人同意要约的表示。承诺必须由受要约人在要约有效期限内向要约人发出，其内容应当与要约的内容一致。在实践中，用人单位对经过考核合格的应招（应聘）的劳动者决定录用（聘用），并向本人发出书面通知的行为即为承诺，该通知到达劳动者，劳动合同即告成立。下一步，双方签订书面合同，劳动合同的订立过程即告完成。

（六）无效劳动合同

无效劳动合同是指由于欠缺生效要件而全部或部分不具有法律效力的劳动合同。依据《劳动合同法》第二十六条规定，下列劳动合同无效或者部分无效：第一，以欺诈、胁迫的手段或者乘人之危，使对方在违背真实意思的情况下订立或者变更劳动合同的。第二，用人单位免除自己的法定责任、排除劳动者权利的。第三，违反法律、行政法规强制性规定的。对劳动合同的无效或者部分无效有争议的，由劳动争议仲裁机构或者人民法院确认。《劳动合同法》规定：劳动合同部分无效，不影响其他部分效力的，其他部分仍然有效；《劳动合同法》规定：劳动合同被确认无效，劳动者已付出劳动的，用人单位应当向劳动者支付劳动报酬。劳动报酬的数额，参照本单位相同或者相近岗位劳动者的劳动报酬确定。

（七）劳动合同的履行、变更和终止

劳动合同的履行是指劳动者和用人单位按照劳动合同的约定，履行其所承担的义务的行为。只有双方当事人按照合同约定全面、正确地履行其所承担的义务，劳动过程才能顺利实现。劳动合同的履行应遵循亲自履行原则、全面履行原则和协作履行原则。具体包括以下内容：第一，用人单位与劳动者应当按照劳动合同的约定，全面履行各自的义务。第二，用人单位应当按照劳动合同约定和国家规定，向劳动者及时足额支付劳动报酬。第三，用人单位应当严格执行劳动定额标准，不得强迫或者变相强迫劳动者加班；用人单位安排加班的，应当按照国家有关规定向劳动者支付加班费。第四，劳动者拒绝用人单位管理人员违章指挥、强令冒险作业的，不视为违反劳动合同，劳动者对危害生命安全和身体

健康的劳动条件，有权对用人单位提出批评、检举和控告。第五，用人单位变更名称、法定代表人、主要负责人或者投资人等事项，不影响劳动合同的履行。第六，用人单位发生合并或者分立等情况，原劳动合同继续生效，劳动合同由承继其权利和义务的用人单位继续履行。

劳动合同的变更是指在劳动合同依法成立后，尚未履行或尚未履行完毕之前，当事人就合同的内容达成修改或补充的协议。劳动合同订立后，用人单位与劳动者协商一致，可以变更劳动合同约定的内容。变更劳动合同，应当采用书面形式；变更后的劳动合同文本由用人单位和劳动者各执一份。

劳动合同的终止是指劳动合同关系在客观上已不复存在，劳动合同当事人的权利义务归于消灭。劳动合同终止后，合同效力消灭，当事人不再受合同约束。依据《劳动合同法》规定，有下列情形之一的，劳动合同终止：一是劳动合同期满的。二是劳动者开始依法享受基本养老保险待遇的。三是劳动者死亡，或者被人民法院宣告死亡或者宣告失踪的。四是用人单位被依法宣告破产的。五是用人单位被吊销营业执照、责令关闭、撤销或者用人单位决定提前解散的。六是法律、行政法规规定的其他情形。有些情形下终止劳动合同，用人单位还应当向劳动者支付经济补偿。

（八）劳动合同的解除

劳动合同的解除是指在劳动合同依法成立后，尚未履行或尚未履行完毕之前，当事人协商一致或者依法终止合同的行为。合同解除后，双方当事人不再受合同内容的约束。为了平衡劳动者与用人单位的利益，建立和发展和谐稳定的劳动关系，法律对劳动合同的解除做了严格的限制。

劳动合同的解除依法可以分为两类：协商解除和法定解除。协商解除是指用人单位与劳动者任何一方提出解除合同的请求，经协商另一方最终同意的解除劳动合同的行为；法定解除是指用人单位与劳动者无须对方同意，依据法律规定直接解除劳动合同的行为。

1. 劳动者单方解除劳动合同

劳动者单方解除劳动合同的情形包括以下两方面：

第一，劳动者提前30日以书面形式通知用人单位，可以解除劳动合同。劳动者在试用期内提前3日通知用人单位，可以解除劳动合同。该条规定赋予了劳动者无条件地单方预告解除劳动合同的权利，其目的主要是维护劳动者的职业选择权，充分发挥劳动者的积极性、主动性和创造性，有利于劳动力的合理流动，优化劳动力资源配置。

第二，用人单位有过错，有下列情形之一的，劳动者可以解除劳动合同：①未按照劳动合同约定提供劳动保护或者劳动条件的。②未及时足额支付劳动报酬的。③未依法为劳动者缴纳社会保险的。④用人单位的规章制度违反法律、法规的规定，损害劳动者权益的。⑤以欺诈、胁迫的手段或者乘人之危，使对方在违背真实意思的情况下订立或者变更劳动合同致使劳动合同无效的。⑥法律、行政法规规定劳动者可以解除劳动合同的其他情形。用人单位以暴力、威胁或者非法限制人身自由的手段强迫劳动者劳动的，或者用人单位违章指挥、强令冒险作业危及劳动者人身安全的，劳动者可以立即解除劳动合同，不需事先告知用人单位。

2. 用人单位单方解除劳动合同

用人单位单方解除劳动合同的情形包括以下三种情况：

第一，劳动者有过错，即劳动者有下列情形之一的，用人单位可以解除劳动合同：①在试用期间被证明不符合录用条件的。②严重违反用人单位的规章制度的。③严重失职、营私舞弊，给用人单位造成重大损害的。④劳动者同时与其他用人单位建立劳动关系，对完成本单位的工作任务造成严重影响，或者经用人单位提出，拒不改正的。⑤因《劳动合同法》第二十六条第一款第一项规定的情形致使劳动合同无效的。⑥被依法追究刑事责任的。

第二，劳动者无过错，但有下列情形之一的，用人单位提前30日以书面形式通知劳动者本人或者额外支付劳动者一个月工资后，可以解除劳动合同：①劳动者患病或者非因工负伤，在规定的医疗期满后不能从事原工作，也不能从事由用人单位另行安排的工作的。②劳动者不能胜任工作，经过培训或者调整工作岗位，仍不能胜任工作的。③劳动合同订立时所依据的客观情况发生重大变化，致使劳动合同无法履行，经用人单位与劳动者协商，未能就变更劳动合同内容达成协议的。

第三，经济性裁员，有下列情形之一，需要裁减人员20人以上或者裁减不足20人但占企业职工总数10%以上的，用人单位提前30日向工会或者全体职工说明情况，听取工会或者职工的意见后，裁减人员方案经向劳动行政部门报告，可以裁减人员：①依照企业破产法规定进行重整的。②生产经营发生严重困难的。③企业转产、重大技术革新或者经营方式调整，经变更劳动合同后，仍需裁减人员的。④其他因劳动合同订立时所依据的客观经济情况发生重大变化，致使劳动合同无法履行的。

裁减人员时，应当优先留用下列人员：①与本单位订立较长期限的固定期限劳动合同的。②与本单位订立无固定期限劳动合同的。③家庭无其他就业人员，有需要扶养的老人或者未成年人的。用人单位依照上述第一款规定裁减人员，在6个月内重新招用人员的，应当通知被裁减的人员，并在同等条件下优先招用被裁减的人员。

劳动者有下列情形之一的，用人单位不得依照上述第二、第三项的规定解除劳动合同：①从事接触职业病危害作业的劳动者未进行离岗前职业健康检查，或者疑似职业病病人在诊断或者医学观察期间的。②在本单位患职业病或者因公负伤并被确认丧失或者部分丧失劳动能力的。③患病或者非因工负伤，在规定的医疗期内的。④女职工在孕期、产期、哺乳期的。⑤在本单位连续工作满 15 年，且距法定退休年龄不足 5 年的。⑥法律、行政法规规定的其他情形。

用人单位单方解除劳动合同，应当事先将理由通知工会。用人单位违反法律、行政法规规定或者劳动合同约定的，工会有权要求用人单位纠正。用人单位应当研究工会的意见，并将处理结果书面通知工会。

（九）解除和终止劳动合同时的经济补偿

解除和终止劳动合同，有可能给劳动者造成一定的损失，因此《劳动合同法》规定有下列情形之一的，用人单位应当向劳动者支付经济补偿：一是用人单位有过错，劳动者依照《劳动合同法》第三十八条规定单方解除劳动合同的。二是用人单位依照《劳动合同法》第三十六条规定向劳动者提出解除劳动合同并与劳动者协商一致解除劳动合同的。三是劳动者无过错，用人单位依照《劳动合同法》第四十条规定单方解除劳动合同的。四是出现经济性裁员情形时，用人单位依照《劳动合同法》第四十一条第一款规定解除劳动合同的。五是除用人单位维持或者提高劳动合同约定条件续订劳动合同，劳动者不同意续订的情形外，依照《劳动合同法》第四十四条第一项规定终止固定期限劳动合同的。六是依照《劳动合同法》第四十四条第四项（用人单位被依法宣告破产）、第五项规定（用人单位被吊销营业执照、责令关闭、撤销或者用人单位决定提前解散）终止劳动合同的。七是法律、行政法规规定的其他情形。

经济补偿按劳动者在本单位工作的年限，每满一年支付一个月工资的标准向劳动者支付。6 个月以上不满一年的，按一年计算；不满六个月的，向劳动者支付半个月工资的经济补偿。劳动者月工资高于用人单位所在直辖市、设区的市级人民政府公布的本地区上年度职工月平均工资三倍的，向其支付经济补偿的标准按职工月平均工资三倍的数额支付，向其支付经济补偿的年限最高不超过 12 年。此处所称月工资是指劳动者在劳动合同解除或者终止前 12 个月的平均工资。

（十）违反劳动合同的法律责任

违反劳动合同的法律责任，是指劳动者或用人单位不履行劳动合同义务，或者履行劳动合同义务不符合约定时，所应承担的法律后果。违反劳动合同的法律责任，可以由当事人协商约定，但不得违反《劳动合同法》的强制性规定，否则为无效条款。同时，《劳动合同法》也规定了用人单位和劳动者在违反劳动合同时所应该承担的法律责任。

依据《劳动合同法》的规定，用人单位违反劳动合同的法律责任有以下五方面：

第一，用人单位有下列情形之一的，由劳动行政部门责令限期支付劳动报酬、加班费或者经济补偿；劳动报酬低于当地最低工资标准的，应当支付其差额部分；逾期不支付的，责令用人单位按应付金额50%以上100%以下的标准向劳动者加付赔偿金，具体包括：未按照劳动合同的约定或者国家规定及时足额支付劳动者劳动报酬的；低于当地最低工资标准支付劳动者工资的；安排加班不支付加班费的；解除或者终止劳动合同，未依法规定向劳动者支付经济补偿的。

第二，用人单位违反《劳动合同法》规定解除或者终止劳动合同的，应当依照《劳动合同法》第四十七条规定的经济补偿标准的两倍向劳动者支付赔偿金。

第三，用人单位有下列情形之一的，依法给予行政处罚；构成犯罪的，依法追究刑事责任；给劳动者造成损害的，应当承担赔偿责任：以暴力、威胁或者非法限制人身自由的手段强迫劳动的；违章指挥或者强令冒险作业危及劳动者人身安全的；侮辱、体罚、殴打、非法搜查或者拘禁劳动者的；劳动条件恶劣、环境污染严重，给劳动者身心健康造成严重损害的。

第四，用人单位违反《劳动合同法》规定未向劳动者出具解除或者终止劳动合同的书面证明，由劳动行政部门责令改正；给劳动者造成损害的，应当承担赔偿责任。

第五，用人单位招用与其他用人单位尚未解除或者终止劳动合同的劳动者，给其他用人单位造成损失的，应当承担连带赔偿责任等。

依据《劳动合同法》的规定，劳动者违反《劳动合同法》规定解除劳动合同，或者违反劳动合同中约定的保密义务或者竞业限制，给用人单位造成损失的，应当承担赔偿责任。另外，劳动合同依照《劳动合同法》第二十六条被确认无效，给对方造成损害的，有过错的一方应当承担赔偿责任。

二、劳动者的组织与劳动保护

(一) 劳动者的组织

当劳动者与用人单位之间存在利益冲突时，与任何冲突一样，其结果通常有利于拥有更大影响力（权力）的一方。在劳动者与用人单位之间，劳动者显然在绝大多数情况下都处于弱势地位。因此，劳动者为保护自己的利益，必须团结起来，以集体的力量同用人单位讨价还价，保护自身利益。

在劳动关系的发展历史上，工会一直是劳动者组织的主要形式。当整个社会倾向于盲目地追求经济利益，激烈地竞争，资方在政治上的发言权倾向于扩大的时候，工会就会经历困难时期；相反，在整个社会风气都在强调人的权利，强调草根阶层的权益应该受到保护，社会风气倾向于限制资方的特权和资本触角的无限膨胀时，工会或者其他劳动者的组织会得到更多的社会支持。近年来，国际社会在整体上向右倾斜，工会的艰难岁月正是这种社会倾向的反映。

在我国，全民所有制企业的劳动者还组织成立职工代表大会。作为全民所有制企业重要的机构之一，职代会在这类企业的管理中具有非常重要的作用。本节将简单介绍工会和职代会的基本情况。

1. 工会

在市场经济条件下，劳动者完全处在劳动力市场中。劳动者寻求工作的形式与劳动力市场的供求状况有很大关系。一般而言，在经济快速增长，劳动力相对短缺的情况下，劳动力市场对雇员是有利的。然而，在多数情况下，雇主具有控制雇用人数的优势及抵挡来自个人压力的经济实力，并且对劳动力市场有更好的了解。因此，从讨价还价方面来说，雇主的优势大于雇员。企业在对它本身有利的情况下会对雇用条件做出调整。雇员用来抵消资方讨价还价的力量来自雇员联合的产物——工会。

在讨价还价中，工会的作用是代表劳动者的利益，平衡雇主的经济实力。为了维护劳动者的利益，工会还扮演更为复杂的角色，在公众、政府机构和政党中寻求同情，因此，工会具有一定的政治特性。工会的核心作用是使劳动者联合起来与资方进行集体谈判。

2. 职工代表大会

职工代表大会（以下简称"职代会"）制度是公有制企业中职工实行民主管理的基本形式，是职工通过民主选举，组成职代会，在企业内部行使民主管理权力的一种制度。实行职代会制度是中国国有企业的另一特点。国务院于1986年9月15日发布的《全民所有制工业企业职工代表大会条例》是实行职工代表大会制度的法律依据。按照该条例规定，职代会具有五项职权。

定期听取厂长的工作报告，审议企业的经营方针、长远计划和年度计划、重大技术改造和技术引进计划、职工培训计划、财务预决算、自有资金分配和使用方案，针对以上计划和方案提出意见和建议，并就上述方案的实施做出决议。

审议厂长提出的企业经济责任制方案、工资调整计划、奖金分配方案、劳动保护措施方案、奖惩办法及其他重要的规章制度。

审议决定职工福利基金使用方案、职工住宅分配方案和其他有关职工生活福利的重大事项。

评议、监督企业各级领导干部，并提出奖惩和任免的建议。对取得卓越工作成绩干部，可以给予奖励，包括晋级、提职；对不称职的干部，可以免职或降职；对工作不负责任或者以权谋私，造成严重后果的干部，可以给予处分，直至撤职。

主管机关在任命或者免除企业行政领导人员的职务时，必须充分考虑职代会的意见。职代会根据主管机关的部署，可以民主推荐厂长人选，也可以民主选举厂长，报主管机关审批。

（二）劳动保护

劳动保护是指国家和用人单位为了防止劳动过程中的安全事故，采取各种措施来保护劳动者的生命安全和健康。在劳动生产过程中，存在着各种不安全、不卫生因素，如不采取措施对劳动者加以保护，很可能会发生工伤事故。如矿井作业可能发生瓦斯爆炸、冒顶、水火灾害等事故；建筑施工可能发生高空坠落、物体打击和碰撞等事故。所有这些，都会危害劳动者的安全和健康，妨碍工作的正常进行。国家为了保障劳动者的身体安全和生命健康，通过制定相应的法律和行政法规、规章，规定劳动保护；用人单位也应根据自身的具体情况，规定相应的劳动保护规则，以保证劳动者的安全和健康。

1. 劳动保护的特点

（1）劳动保护政策性强

社会主义的性质决定了社会主义国家的劳动保护的出发点首先是保护劳动者在生产过程中的安全和健康，即保护生产力中的最重要和最活跃的部分。

（2）劳动保护法律较完善

加强劳动保护，改善劳动条件是我国宪法明确规定的，它是社会主义制度下的一种国家立法的体现。党和国家为维护广大职工在生产中的安全和健康，先后颁布了一系列的法律、法规、条例、规程和规定。随着我国由计划经济向社会主义市场经济的过渡，劳动保护的立法得到进一步的充实和完善。据不完全统计，当时这方面的法律、法规、条例、规程等有几十个。

（3）劳动保护技术性强

劳动保护是一门综合性学科，因此在劳动保护的实际工作中，用人单位往往要充分利用已掌握的科学技术，去解决生产实际当中遇到的安全卫生问题，可以说正是由于科学技术的进步，促进了劳动保护的发展。劳动保护工作利用社会科学，解决了劳动保护的性质问题和如何提高劳动保护管理的问题；劳动保护工作通过科学技术，解决了如何从根本上消除工伤事故和职业病的问题。

（4）劳动保护群众性强

做好劳动保护工作除了依靠管理人员和工程技术人员，更离不开广大的生产第一线的职工。据统计，在生产现场发生的事故中98%的事故发生在生产第一线。改革开放以来，我们的党和政府始终注意抓好群众性的劳动保护工作，并对此项工作做了很多具体指示。各级工会组织认真贯彻党的方针、政策，把通过各种途径开展群众性的劳动保护工作作为一项重要的任务去抓，并取得了很好的成绩。

2. 劳动保护的主要内容

（1）劳动保护管理

劳动保护管理的主要目的是采取各种组织手段用现代的科学管理方法组织生产，最大限度地避免因人的主观意志和行为造成事故，其主要内容包括以下方面：

第一，为保护劳动者的权利和人身自由不受侵犯，监督企业在录用、调动、辞退、处分、开除工人时，按照国家的法律法规办理。

第二，参与国家及地方政府部门、行业主管部门的劳动保护政策、法律、法规的起草制定，切实做好源头参与工作，同时监督政府部门与行业主管部门认真执行上述法律、法规、规章制度，做好劳动保护工作。

第三，监督企业执行《中华人民共和国劳动法》的有关劳动安全卫生条款，为职工提供符合国家标准的劳动安全卫生条件，保证劳动者的休息权利，监督企业认真执行上下班和休假制度，严禁加班加点。

第四，监督企业不允许招聘使用未成年人。

第五，监督企业执行对女职工的特殊保护规定。

第六，监督并参与重大伤亡事故的调查、登记、统计、分析、研究、处理工作，通过科学的手段对事故的原因进行调查，找出事故的规律，提出预防事故的意见和建议，防止同类事故的再次发生。

第七，监督并参与劳动保护的政策、法律、法规的宣传教育工作，做好劳动保护基本知识的普及教育工作，加强对企业经营管理者及职工的安全知识教育，增强企业管理者的安全意识及提高职工的安全技术水平。

第八，加强劳动保护基础理论的研究，把先进的科学技术和理论知识应用到劳动保护的具体工作中，通过运用行为科学、人机工程学，使用智能机器人、计算机控制技术等手段逐步实现本质安全。

第九，加强劳动保护经济学的研究，揭示劳动保护与发展生产力的辩证统一关系，用经济学的观点，通过统计分析、经济核算，阐述各类事故造成的经济损失的程度及加强事故经济投入的科学性、合理性，最终达到促进生产力的良性发展。

第十，进行劳动生理及劳动心理学的研究，研究发生事故时职工的生理状态及心理状态，揭示人的生理及心理变化造成过失的程度，减少诸如冒险蛮干、悲观消极、麻痹大意、侥幸等不良心理和疲劳、恍惚、情绪无常、生物节律作用等生理原因造成的事故，使劳动者以健康的状态和良好的心态从事生产劳动。

（2）安全技术

安全技术是在吸取前人大量的教训基础上逐步发展并不断完善的实用技术。它包括的内容十分广泛，主要有以下方面：①机械伤害的预防。②物理及化学性灼伤、烧伤、烫伤的防护。③电流对人体伤害的预防。④各类火灾的消防技术。⑤静电的危害及预防。⑥物理及化学性爆炸的预防。⑦生产过程中各种安全防护装置、保护装置、信号装置、安全警示牌、各种安全控制仪表的安装、各种消防装置的配置等技术。⑧各种压力容器的管理。⑨依照国家有关法律、法规，制定各种安全技术规程并监督企业严格按规程进行施工及作业。⑩进行各种形式的安全检查，制定阶段性的安全技术措施和计划，下拨安全技术经费，保证安全工作的顺利进行。⑪按时按量发放个人防护用品及保健食品，教育职工认真佩戴防护用品及按时食用健康食品。

（3）工业卫生

工业卫生，也被称为劳动卫生或生产卫生，是为防止各种职业性疾病的发生而在技术上、设备上、法律上、组织制度上及医疗上所采取的一整套措施，其主要研究和解决的是如何保障职工在生产过程中的身体健康问题。其具体内容包括以下方面：①在异常气候环境下对劳动者健康的保护。②在异常气压作业条件下对劳动者健康的保护。③在具有各种放射性物质的环境下对人体健康的保护。④对抗高频、微波、紫外线、激光等的防护技术。⑤对抗噪声的防护技术。⑥对抗震动的防护技术。⑦工业防尘技术。⑧预防各种毒物对人体造成的急性或慢性中毒。⑨为改善劳动条件，保护劳动者的视力合理设计的照明和采光条件。⑩预防各种细菌和寄生虫对劳动者健康的危害。⑪研究对各种职业性肿瘤的预防及治疗。⑫研究各种疲劳及劳损对劳动者身体的危害及其防治。⑬监督企业按照国家颁布的《工业企业设计卫生标准》进行各种工业设计、施工、改建、扩建、大修、技术革新和技术改造等。⑭普及劳动卫生知识，加强对劳动卫生专业人员的培养及做好职工个人的防护和保健工作。

第七章　人力资源管理职能的战略转型与优化

第一节　人力资源管理职能的战略转型

一、以战略和客户为导向的人力资源管理

近十多年来，随着全球化步伐的加快、经营环境的复杂化、技术进步尤其是网络和信息技术的突飞猛进、员工队伍的多元化及社会价值观的改变，组织所处的内外部环境都发生了很大的变化。这些情况都对组织中的人力资源管理职能提出了越来越严峻的挑战。在这种情况下，出现了很多关于人力资源管理职能变革的呼声。例如，人力资源管理应当从关注运营向关注战略转变，从警察式的监督检查向形成业务部门的伙伴转变，从关注短期向关注长期转变，从行政管理者向咨询顾问转变，从以职能管理为中心向以经营为中心转变，从关注内部向关注外部和关注客户转变，从被动反应向主动出击转变，从以完成活动为中心向以提供解决方案为中心转变，从集中决策向分散决策转变，从定性管理向定量管理转变，从传统方法向非传统方法转变，从狭窄视野向广阔视野转变，等等。

毋庸置疑，上述提法都有一定道理，但我们必须清楚的一点是，人力资源管理职能的战略转变并不意味着人力资源管理彻底抛弃过去所做的一切，或者是完全放弃过去的所有做法。相反，现代人力资源管理职能必须在传统和现代之间找到一个适当的平衡点，只有这样才能为组织的经营和战略目标的达成提供附加价值，帮助组织在日益复杂的环境中获得竞争优势。

人力资源管理在一个组织的战略制定及执行过程中起着非常重要的作用，它不仅要投入到组织的战略制定过程中，还要负责通过制订和调整人力资源管理方案和计划来帮助组织制定的战略得到贯彻和执行。然而，人力资源管理职能部门要想真正在组织中扮演好这种战略性角色，就必须对传统的人力资源管理职能进行重新定位。同时，要围绕新的定位来调整本部门的工作重点及在不同工作活动中所花费的时间。

如果想把人力资源管理定位为一种战略性职能，就必须把人力资源部门当成是一个独立的经营单位，它同样有自己的服务对象，即内部客户和外部客户。为了向各种内部客户提供有效的服务，这个经营单位同样需要做好自己的战略管理工作，在组织层面发生的战略规划过程同样可以在人力资源管理职能的内部进行。近年来，在人力资源管理领域出现了一个与全面质量管理哲学一脉相承的新趋势，这就是企业的人力资源部门应当采取一种以客户为导向的方法来履行各种人力资源管理职能，即人力资源管理者把人力资源管理职能当成一个战略性的业务单位，从而根据客户基础、客户需要及满足客户需要的技术等来重新界定自己的业务。以客户为导向是人力资源管理在试图向战略性职能转变时所发生的一个最为重要的变化。

这种变化的第一步就是要确认谁是自己的客户。需要得到人力资源服务的直线管理人员显然是人力资源部门的客户；组织的战略规划团队也是人力资源部门的一个客户，因为这个小组也需要在与人有关的业务方面得到确认、分析并且获得建议；此外，员工也是人力资源管理部门的客户，他们因与组织确立雇佣关系所获得的报酬、绩效评价结果、培训开发计划及离职手续的办理等，也都是由人力资源部门来管理的。

第二步是确认人力资源部门的产品有哪些。直线管理人员希望获得忠诚、积极、有效且具有献身精神的高质量员工；战略规划团队不仅在战略规划过程中需要获得各种信息和建议，而且需要在战略执行过程中得到诸多人力资源管理方面的支持；员工则期望得到一整套具有连续性、充足性和公平性特征的薪酬福利计划，同时还希望能够得到公平的晋升及长期的职业生涯发展。

最后一个步骤是，人力资源部门要清楚，自己应通过哪些技术来满足客户的需要，客户的需要是不同的，因此，人力资源部门所需要运用的技术也就有所不同。人力资源部门建立的甄选系统必须能够确保所有被挑选出来的任职者都具有为组织带来价值增值所必需的知识、技术和能力。培训和开发系统则需要通过为员工提供发展机会来确保他们不断增加个人的人力资本储备，为组织创造更高的价值，从而最终满足直线管理人员和员工双方的需要。绩效管理系统则需要向员工表明，组织对他们的期望是什么，同时还要向直线管理人员和战略制定者保证，员工的行为将与组织的目标保持一致。此外，报酬系统需要为所有的客户（直线管理人员、战略规划人员及员工）带来收益。总之，这些管理系统必须向直线管理人员保证，员工将运用他们的知识和技能服务于组织的利益。同时，它们还必须为战略规划人员提供相应的措施，以确保所有的员工都采取对组织的战略规划具有支持性的行为。最后，报酬系统还必须为员工所做的技能投资及其所付出的努力提供等价的回报。

人力资源管理部门除了要把组织的战略规划人员、直线管理人员及员工作为自己的客户，事实上还应该把外部求职者作为自己非常重要的客户。在当前人才竞争日益激烈的环境中，人力资源部门及其工作人员在招募、甄选等过程中表现出的专业精神、整体素质、组织形象等，不但直接影响到组织是否有能力雇用到高素质的优秀员工，而且对组织的雇主品牌塑造、在外部劳动力市场上的形象都有重要的影响。因此，人力资源部门同样应当非常关注这些外部客户，同时设法满足他们的各种合理需求。

二、人力资源管理职能的工作重心调整

在现实生活中，很多企业的人力资源管理者经常抱怨自己不受重视。他们认为，尽管我们在招聘、培训、绩效、薪酬等很多方面做了大量工作，受了不少累，但却没有真正受到最高领导层的重视，一些工作得不到高层的有力支持，很多业务部门也不配合，自己就像是在"顶着磨盘跳舞——费力不讨好"。为什么会出现这种情况呢？除了与组织自身的问题有关外，与人力资源管理部门及其工作人员由于未能围绕组织战略的要求来调整自己的工作重心，合理安排在各种不同工作活动中的时间和精力也有很大的关系。这是因为尽管从理想的角度来说，人力资源管理职能在所有涉及人力资源管理的活动中都应该做到非常出色，但是在实践中，由于面临时间、经费和人员等方面的资源约束，人力资源管理职能想要同时有效地承担所有工作活动往往是不可能的。因此，人力资源部门必须做出这样一种战略选择，即应当将现有的资源分配到哪里及如何进行分配，才最有利于组织的价值最大化。

对人力资源管理活动进行类别划分的一种方法是将其归纳为变革性活动、传统性活动和事务性活动。变革性活动主要包括知识管理、战略调整和战略更新、文化变革、管理技能开发等战略性人力资源管理活动，传统性活动主要包括招募和甄选、培训、绩效管理、薪酬管理、员工关系等传统的人力资源管理活动，事务性活动主要包括福利管理、人事记录、员工服务等日常性事务活动。

在企业中，这三类活动耗费人力资源专业人员的时间比重大体上分别为5%～15%、15%～30%和65%～75%。显然，大多数人力资源管理者都把大部分时间花在了日常的事务性活动上，在传统性活动上花费的时间相对来说较少，至于在变革性活动上所花费的时间就更是少得可怜。由于事务性活动只具有较低的战略价值，传统性活动尽管构成了确保战略得到贯彻执行的各种人力资源管理实践和制度，也只具有中度的战略价值，而变革性活动则因帮助企业培育长期发展能力和适应性而具有最高的战略价值。所以，人力资源管理者在分配时间投入方面显然是存在问题的。他们应当尽量减少在事务性活动和传统性活

动上的时间分配，更多地将时间用于对企业最具战略价值的变革性活动。如果人力资源专业人员在三种活动上的时间分配能够调整到 25%～35%、25%～35% 和 15%～30%，即增加他们在传统性尤其是变革性活动方面付出的努力，那么人力资源管理职能的有效性必然能得到很大的提高，为企业增加更多的附加价值。

值得注意的是，压缩人力资源管理职能在事务性活动上所占用的时间并不意味着人力资源部门不再履行事务性人力资源管理活动职能。相反，人力资源部门必须继续履行这些职能，只不过是采取一种更为高效的方式来完成这些活动。

第二节　人力资源管理职能的优化

一、循证人力资源管理

（一）循证人力资源管理的内涵

在当今社会，企业界越来越充分地认识到人力资源管理对组织战略目标的实现和竞争优势的获得所具有的重要战略作用。不仅人力资源专业人员，组织内各级领导者和管理者在人力资源管理方面投入的时间、精力、金钱也在逐渐增多。组织期望自己的人力资源管理政策和实践能够帮助自己吸引、招募和甄选到合适的员工，进行科学合理的职位设计和岗位配备，实现高效的绩效管理和对员工的薪酬激励等。但是，随着人力资源管理的投入不断增加，企业也产生了一些困惑。其中的一个重要疑问就是：这些人力资源管理政策、管理活动及资金投入是否产生了合理的回报、达到了预期的效果？这就要求对组织的人力资源管理活动进行科学的研究和论证，以可靠的事实和数据来验证人力资源管理的有效性，进而不断实施改进。这种做法称为循证人力资源管理（又称为实证性人力资源管理，或基于事实的人力资源管理）。

循证的实质是强调做事要基于证据，而不是基于模糊的设想或感觉等。循证起源于20世纪末兴起的循证医学，很快，越来越多的政府机构和公共部门决策者也开始意识到循证政策的重要性。循证管理的中心思想就是要把管理决策和管理活动建立在科学依据上，通过收集、总结、分析和应用最佳、最合适的科学证据来进行管理，对组织结构、资源分配、运作流程、质量体系和成本运营等做出决策，不断提高管理效率。

循证人力资源管理实际上是循证管理理念在人力资源管理领域的一种运用，它是指运用数据、事实、分析方法、科学手段、有针对性的评价及准确的案例研究，为人力资源管理方面的建议、决策、实践及结论提供支持。简而言之，循证人力资源管理就是审慎地将最佳证据运用于人力资源管理实践的过程。循证人力资源管理的目的就是要确保人力资源管理部门的管理实践对组织的收益或者其他利益相关者（员工、客户、股东）产生积极的影响，并且能够证明这种影响的存在。通过收集关于人力资源管理实践与生产率、流动率、事故数量、员工态度及医疗成本之间的关系的数据，循证人力资源管理实践就可以向组织表明，人力资源管理确实能对组织目标的实现做出贡献，人力资源管理对组织的重要性实际上和财务、研发及市场营销等其他职能是一样的。因此，组织对人力资源项目进行投资是合理的。例如，它可以回答这样一些问题："哪一种招募渠道能够给公司带来更多有效的求职者？""在新实施的培训计划下，员工的生产率能够提高多少？""员工队伍的多元化给组织带来的机遇多还是风险多？"。从本质上说，循证人力资源管理代表的是一种管理哲学，即用可获得的最佳证据来代替陈旧的知识、个人经验、夸大的广告宣传、呆板的教条信念及盲目的模仿，摒弃"拍脑袋决策"的直觉式思维，使人力资源决策牢固建立在实实在在的证据上，同时证明人力资源管理决策的有效性。

通过对很多组织的人力资源管理实践进行考察，我们不难发现，很多人力资源管理决策都缺乏科学依据，往往依靠直觉和经验行事，这不仅难以保证人力资源决策本身的科学合理，同时也无法证明或者验证人力资源管理活动对组织的战略和经营目标的实现所做出的实际贡献，结果就导致人力资源管理在很多组织中处于一种比较尴尬的境地。因此，学会基于事实和证据来实施各项人力资源管理活动，将会产生两个方面的积极作用：一是确保并且向组织中的其他人证明人力资源管理职能确实是在努力为组织的研发、生产、技术、营销等其他职能提供有力的支持，而且对组织战略目标的实现做出了实实在在的贡献；二是考察人力资源管理活动在实现某些具体目标和有效利用预算方面取得的成效，从而不断改善人力资源管理活动本身的效率和效果。

（二）循证人力资源管理的路径

既然循证人力资源管理如此重要，人力资源管理者在日常工作中要怎样做才能有助于真正实现循证人力资源管理呢？总的来说，人力资源管理者做好以下四个方面的工作，将有助于贯彻循证人力资源管理的理念，提高人力资源管理决策的质量，增加对组织的贡献。

1.获取和使用各种最佳研究证据

所谓最佳研究证据，是指经过同行评议或同行审查的质量最好的实证研究结果，这些结果通常是公开发表的、经过科学研究得到的。在科学研究类杂志（主要是符合国际学术规范的标准学术期刊）上发表的文章都是按照严格的实证标准要求并且经过严格的同行专家匿名评审的，这类研究成果通常都必须达到严格的信度和效度检验要求才能发表。举例来说，想要研究绩效标准的高低对员工绩效的影响，那么，在一项高质量的实证研究中，通常会使用一个控制组（或对照组），即在随机分组的情况下，要求两个组完成同样的工作任务，但是对实验组的绩效标准要求较高，然后考虑两组的实际绩效水平差异。在另外一些情况下，则需要采取时间序列型的研究设计。比如，在考察晋升决策对员工工作状态的影响时，可以在晋升之前对晋升候选人的工作积极性或绩效进行评估，再在晋升决策公布后，隔一段时间来考查这些人的工作积极性或工作绩效。当然，有时无法进行理想状态的实证研究，在这种情况下，能够控制住一些误差（尽管不能控制所有误差）的实证研究也是有一定价值的，因为有这样一些证据仍然会比没有任何证据要好，这种证据对改进人力资源决策质量多多少少会有一些好处，只不过在使用这些证据时，最好能搞清楚哪些证据是可用的，以及应当如何使用这些证据。

2. 了解组织实际情况，掌握各种事实、数据及评价结果等

要系统地收集组织的实际状况、数据、指标等信息，从而确保人力资源管理决策和所采取的行动是建立在事实基础上的，即使是在使用最佳实证研究证据时，也必须同时考虑到组织的实际情况，从而判断哪些类型的研究结果可能是有用的。总之，必须将各种人力资源判断和决策建立在对事实尽可能全面和准确把握的基础上。例如，如果组织希望通过离职面谈发现导致近期员工流动的主要原因，而很多离职者都提到了组织文化和领导方式的问题。那么，人力资源管理人员就应当继续挖掘，搞清楚到底是组织文化和领导方式中的哪些特征最有可能导致员工流失。只有揭示了某种情况的具体事实，才更容易找到和运用适当的证据来确认导致问题出现的主要原因，同时发现可以对问题进行干预的措施及如何更好地实施这些干预措施。当然，关于组织实际情况的所谓事实既可能涉及一些相对软性的因素，比如组织文化、员工的教育水平、知识技能，以及管理风格等，同时也可能会涉及一些比较硬性的因素，比如部门骨干员工流动率、工作负荷及生产率等。

3. 利用人力资源专业人员的科学思考和判断

人力资源专业人员可以借助各种有助于减少偏差、提高决策质量、能够实现长期学习的程序、实践及框架的支持，做出科学的分析和判断。有效证据的正确使用不仅有赖于与组织的实际情况相关的高质量科学研究结果，还有赖于人力资源决策过程。这是因为证据本身并非问题的答案，而是需要放在某个具体的情况下考虑，即要想做出明智的判断和高

质量的人力资源决策，还需要对得到的相关证据和事实进行深入的思考，而不能简单地拿来就用。但问题在于所有的人都会存在认知局限，从而在决策中不可避免地会存在各种偏差。这样，就需要有一些方法和手段帮助我们做出相对科学和客观的决策。幸运的是，在这方面，一些经过论证和实际使用效果很好的决策框架和决策路径有助于提醒决策者注意一些很可能会被忽视的特定的决策影响因素。例如，假如一个组织正在设法改进新入职员工的工作绩效，并且知道在其他条件一定的情况下，在通用智力测试中得分较高的人通常工作绩效也会较好。那么，简单地通过让所有的求职者参加通用智力测试能否确保员工入职后取得较好的绩效呢？显然不一定，例如，如果这家公司已经是从最好的学校中挑选成绩最好的毕业生，那么，这种测试实际上已经暗含在组织的现有甄选标准中。在这种情况下，人力资源管理人员就要判断影响新入职员工绩效的其他因素，如他们是否具备特定职位所要求的特定技能，或者是否存在需要解决的某种存在于工作环境中的特定绩效问题，比如上级的监督指导不够、同事不配合等。总之，在批判性思考的基础上对情境因素进行仔细分析，找到一个能够对判断所基于的各种假设进行考察的决策框架，了解事实和目标等，将有助于对问题得出更为准确的判断和解释。

4. 考虑人力资源决策对利益相关者的影响

人力资源管理者在进行人力资源决策时，必须考虑到伦理道德层面的因素，权衡决策对利益相关者和整个社会可能产生的长期和短期影响。人力资源决策和人力资源管理实践对一个组织的利益相关者会产生直接和间接的后果。这些后果不仅会对普通员工产生影响，而且会对组织的高层和中层管理人员产生影响，同时还有可能会对组织外部的利益相关者，如供应商、股东或者普通公众产生影响。例如，组织的人力资源招募和甄选政策会对不同群体的求职者产生不同的影响，一些影响是正当的，而另一些影响却是有问题的。例如，某种测试工具导致某种类型的求职者总体上的得分低于其他求职者群体，但是这种测试工具却与求职者被雇用后的工作绩效并无太大关系。那么，这种测试工具就应当舍弃。总之，对各种利益相关者的关注是考虑周全且基于证据的人力资源决策所具有的重要特征之一，它有助于人力资源决策避免在无意中对利益相关者造成不必要的伤害。

（三）人力资源管理职能的有效性评估

循证人力资源管理一方面要求组织的人力资源管理决策和人力资源管理实践应当建立在事实和数据等的基础上，另一方面也要求对人力资源管理职能的有效性进行评估。在评估组织的人力资源管理职能有效性方面，主要可以运用两种方法，即人力资源管理审计法和人力资源管理项目效果分析法。

1. 人力资源管理审计

在人力资源管理领域，以数字为基础的分析常常始于对本组织内人力资源管理活动进行人力资源管理审计。人力资源管理审计是指按照特定的标准，采用综合研究分析方法，对组织的人力资源管理系统进行全面检查、分析与评估，为改进人力资源管理功能提供解决问题的方向与思路，从而为组织战略目标的实现提供科学支撑。作为一种诊断工具，人力资源管理审计能够揭示组织人力资源系统的优势与劣势及需要解决的问题，帮助组织发现所缺失或需要改进的功能，从而支持组织根据诊断结果采取行动，最终确保人力资源管理职能最大限度地为组织使命和战略目标的完成做出贡献。

人力资源管理审计通常可以划分为战略性审计、职能性审计和法律审计三大类。其中，战略性审计主要考察人力资源管理职能是否是企业竞争优势的来源及对组织总体战略目标实现的贡献程度；职能性审计旨在帮助组织分析各种人力资源管理职能模块或政策的执行效率和效果；而法律审计则比较特殊，它的主要作用在于考察组织的人力资源管理活动是否遵循了相关法律法规的规定。

在我国，除了一些出口企业由于受到国际规则的限制而不得不对自己的人力资源管理活动的合法性和合规性进行审计和报告，绝大部分企业的法律意识还比较薄弱，还没有开始对自己的人力资源管理系统实施法律审计。随着我国相关劳动法律体系的健全及执法力度的加强，企业由于人力资源管理活动或政策不合法而可能遭受的损失会越来越大。在这种情况下，企业就必须重视对本企业人力资源管理政策和实践进行法律审计，以确保其合法性。以招募和甄选过程中的法律审计为例，企业首先需要对组织的招聘政策、招聘广告、职位说明书、面试技术等关键环节的内容进行详细、客观的描述，然后再根据这些内容来寻找相关的法律条款（比如我国颁布的劳动法及其配套法律法规等），将自己的管理实践与法律规定进行对比审计分析，以确保其合法性，在必要时则需要根据法律要求和自身情况做出调整和改进。通过这样的审计过程，企业就能在很大程度上避免因违反相关法律法规而带来的直接或间接损失，这是人力资源管理职能能够为组织做出的一种非常直接的贡献。

当然，比较常见的人力资源管理审计都是考察人力资源管理对组织的整体贡献及各人力资源管理职能领域的工作所产生的结果，即以战略性审计和职能性审计居多。其中，战略性审计主要考察人力资源管理对组织的利润、销售额、成本、员工的离职率和缺勤率等整体性结果所产生的影响；职能性审计则主要通过收集一些关键指标来衡量组织在人员的招募、甄选与配置、培训开发、绩效管理、薪酬管理、员工关系、接班计划等领域的有效性。关于人力资源管理审计中的战略性审计和职能性审计所使用的指标，因为审计的出发点不同，各个组织的行业特点存在差异，所以审计指标的选取及指标的详细程度也会有所差异。例如，著名管理咨询公司美世公司经过长期研究和筛选，最终确定了 36 个可以对一个组织的人力资源管理有效性进行衡量的关键绩效指标。这些指标可以划分为生产率和工作效率、人员招募及培训开发、核心员工及绩效薪酬管理三大类，每一类指标中又包括一些关键绩效衡量指标。

在确定了人力资源管理审计使用的绩效衡量指标后，相关人员就可以通过收集信息来实施审计了。关键经营指标方面的信息通常都能在组织的各种文件中找到。有时，人力资源部门为了收集某些特定类型的数据，可能需要创建一些新的文件。比如，在人力资源管理审计中通常都会涉及对人力资源管理职能所要服务的相关客户（主要是组织的高层管理人员、各级业务部门负责人及普通员工等）的满意度进行调查和评估。其中，员工态度调查或满意度调查能够提供关于一部分内部客户的满意度信息，而对组织高层直线管理人员的调查则可以更好地判断人力资源管理实践对组织的成功经营所起到的作用。此外，为了从人力资源管理专业领域的最佳实践中获益，组织还可以邀请外部的审计团队对某些具体的人力资源管理职能进行审计。现在，由于电子化员工数据库及相关人力资源管理信息系统的建立，人力资源管理审计所需要的关键指标的收集、存储、整理及分析工作越来越容易，很多满意度调查也可以通过网络来完成，这些情况都有助于推动企业通过实施人力资源管理审计来提高人力资源管理政策和实践的效率及有效性。

2. 人力资源管理项目效果分析

衡量人力资源管理有效性的另一种方法是对某项具体的人力资源管理项目或活动进行分析。该分析方法对人力资源管理项目进行评价的方式有两种：一是以项目或活动的预期目标为依据来考察某一特定的人力资源管理方案或实践（比如某个培训项目或某项新的薪酬制度）是否达到了预定的效果；二是从经济的角度来估计某项人力资源管理实践可能产生的成本和收益，从而判断其是否为组织提供了价值。

比如，企业在制订一项培训计划时，通常会同时确定这个计划期望实现的目标，比如通过培训在学习层、行为层及结果层（绩效改善）等方面产生一定的效果。这样，人力资源管理项目分析就会衡量该培训计划是否实现了之前设定的目标，即培训项目对受训者的学习、行为及工作结果到底产生了怎样的影响。例如，一家公司在设计一个培训项目时，将目标定位于帮助管理人员将领导力水平提升到某个既定的层次。那么，在培训结束后，公司就想要评价这项培训计划是否真的实现了之前确定的目标，即对培训计划的质量进行分析。于是，该公司在培训计划刚刚结束时，要求受训者对自己的这段培训经历进行评价；几个月后，培训部门还对受训者的实际领导绩效是否有改善或行为是否有所改变进行评估。此外，员工对公司的整体领导力所做的评价也可以用来衡量这些管理人员培训计划的有用性。

对上述培训项目还可以采用经济分析的方法，即在考虑与培训项目有关的所有成本的前提下，对该培训项目所产生的货币价值进行评估，这时，企业并不关心培训项目到底带来了多大变化，而只关心它为组织贡献的货币价值（收益和成本之间的差异）大小，这些人力资源管理项目的成本包括员工的薪酬以及实施培训、员工满意度调查等人力资源管理计划所支付的成本；收益则可能包括与员工的缺勤率和离职率相关的成本下降，以及与更好的甄选和培训计划有关的生产率上升等。显然，成功的人力资源管理项目所产生的价值应当高于其成本，否则这个项目从经济上来说就是不合算的。

在进行成本—收益分析时，通常可以采取两种方法，即人力资源会计法和效用分析法。人力资源会计法试图为人力资源确定一个货币价值，就像为物力资源（比如工厂和设备）或经济资源（比如现金）进行定价一样，如它要确定薪酬回报率、预期薪酬支付的净现值及人力资本投资收益率等；而效用分析法则试图预测员工的行为（比如缺勤、流动、绩效等）所产生的经济影响，如员工流动成本、缺勤和病假成本、通过甄选方案获得的收益、积极的员工态度所产生的效果、培训项目的财务收益等。与审计法相比，人力资源管理项目分析法的要求更高，因为它要求必须得到较为详细的统计数据，同时需要支出较多的费用。

二、人力资源管理职能优化的方式

为了提高人力资源管理职能的有效性，组织通常可以采取结构重组、流程再造、人力资源管理外包及人力资源管理电子化等四种不同的途径。

（一）人力资源管理结构重组

传统的人力资源管理结构是围绕员工配置、培训、薪酬、绩效及员工关系等人力资源管理的基本职能构建的，是一种典型的职能分工形式。这种结构的优点是分工明确、职能清楚，但是问题在于，人力资源部门中的每一个人往往都只了解组织内部全体员工某一个方面的情况，如员工所受过的培训或员工的薪酬水平、绩效状况等，却没有人对某一位员工尤其是核心员工的各种人力资源状况有一个整体性的了解。这样，人力资源部门在吸引、留住、激励及开发人才方面能够为组织做出的贡献就会大打折扣。同时，由于各个人力资源管理的职能模块往往各行其是，各种人力资源管理职能之间的匹配性和一致性较差，无法满足战略性人力资源管理的内部契合性要求，从而使人力资源管理工作的整体有效性很容易受到损害。因此，越来越多的组织发现，传统的人力资源部门结构划分需要重新调整。

近年来，很多大公司都开始实施一种创新型的人力资源管理职能结构，即人力资源管理的基本职能被有效地划分为三个部分：专家中心、现场人力资源管理者和服务中心。专家中心通常由招募、甄选、培训及薪酬等传统人力资源领域中的职能专家组成。这些人主要以顾问的身份来开发适用于组织的各种高水平人力资源管理体系和流程。现场人力资源管理者是由人力资源管理多面手组成的，他们被分派到组织的各个业务部门中。他们常常有双重工作汇报关系，既要向业务部门的直线领导者报告工作，同时也要向人力资源部门的领导报告工作。这些现场人力资源管理者主要承担两个方面的责任：一是帮助自己所服务的业务部门的直线管理者从战略的高度来强化人的问题，解决作为服务对象的特定业务部门中出现的各类人力资源管理问题，相当于一个被外派到业务部门的准人力资源经理；二是确保整个组织的人力资源管理体系能够得到全面、有效的执行，从而强化帮助组织贯彻执行战略的功能。在服务中心工作的人员所承担的主要任务是，确保日常的事务性工作能够在整个组织中有效地完成。在信息技术不断发展的情况下，这些服务中心常常能够非常有效地为员工提供服务。

这种组织结构安排通过专业化改善了人力资源服务的提供过程，真正体现了以内部客户为导向的人力资源管理思路。专家中心的员工可以不受事务性工作的干扰，专注于开发自己现有的职能性技能；现场人力资源管理者则可以集中精力来了解本业务部门的工作环境，而不需要竭力维护自己作为一个专业化职能领域中的专家地位；服务中心的员工可以把主要精力放在为各业务部门提供基本的人力资源管理服务方面。

此外，从激励和人员配备的角度来看，这种新型的人力资源部门结构设计方式也有其优点。过去，由于人力资源管理职能是按模块划分的，每一位人力资源管理专业人员往往都陷入了本职能模块所必须完成的事务性工作中。尽管在一些人力资源管理专业人员的工作中也有小部分需要较高水平的专业知识和技能才能完成的工作；但是大部分工作都属于日常事务性的，这必然会导致一些人力资源管理专业人员感觉工作内容枯燥，缺乏挑战性。而根据工作内容的复杂性和难度设计的三层次人力资源部门结构，可以让相当一部分人力资源管理专业人员摆脱日常事务性工作的束缚，集中精力做专业性的工作，同时还可以让一部分高水平的人力资源管理专业人员完全摆脱事务性的工作，主要发挥他们在知识、经验和技能上的优势，重点研究组织在人力资源管理领域中存在的重大问题，从而为人力资源管理职能的战略转型和变革打下良好的基础。这不仅有助于组织的人力资源管理达到战略的高度，同时也有利于增强对高层次人力资源管理专业人员的工作激励。

这种新型的人力资源部门的结构设计方式已经在很多大型企业中得到有效实施。例如，在西门子公司，人力资源管理职能就划分为三类。其一是人力资源战略职能，主要负责与大学的联络、人力资源管理工具的开发等，包括招聘、薪酬福利、领导艺术方面的培训课程、人力资源政策开发、法律事务等；其二是人力资源咨询职能，即由人事顾问向各业务部门的经理和员工提供招聘、雇用及员工发展方面的咨询；其三是事务性管理职能，主要完成日常工资发放、医疗保险、养老金上缴、档案管理、签证等方面的事务。这种组织结构设计的特点是，将第二种职能当作人力资源管理部门面向公司员工与经理人员的窗口，一个工作人员负责几个部门。第一和第三种职能分别作为两个支柱，给人事顾问以强大的支持。

IBM（国际商业机器公司）的人力资源管理人员也同样划分为三个层次：第一个层次是受过各种训练的人力资源管理多面手，他们负责接听 IBM 公司 70 万名客户打进的电话，回答公司的自动应答系统所不能回答的各种问题；第二个层次是少量受过深度专门培训的专家（如职业安全与健康专家、甄选标准专家等），他们处理人力资源管理多面手不能回答的电话；第三个层次是数量更少的公司高层经营管理人员，他们负责确保人力资源管理实践与公司战略保持一致。

（二）人力资源管理流程再造

所谓流程，就是指一组能够一起为客户创造价值的相互关联的活动进程，它是一个跨部门的业务进程。一个流程就是一组将输入转化为输出的活动进程。显然，流程是一组活动，而非单独的活动，同时，流程的一个重要特点是它是一组以客户为导向的创造价值的活动。所谓流程再造，通常也称为业务流程再造，是指对企业的业务流程尤其是关键或核心业务流程进行根本的再思考和彻底的再设计，其目的是使这些工作流程的效率更高，能够生产出更好的产品或提高服务质量，同时更好地满足客户需求。尽管流程再造常常需要运用信息技术，但信息技术的应用并不是流程再造的一个必要条件。此外，从表面上看，流程再造只是对工作的流程所做的改进，但事实上，流程再造对员工的工作方式和工作技能等都提出了全新的挑战。因此，组织的业务流程再造过程往往需要得到员工的配合并做出相应的调整，否则，流程再造很可能会以失败告终。

流程再造的理论与实践起源于 20 世纪 80 年代后期，当时的经营环境是以客户、竞争和快速变化等为特征的，而流程再造正是企业为最大限度地适应这一时期的外部环境变化而实施的管理变革。它是在全面质量管理、精益生产、工作流程管理、工作团队、标杆管理等一系列管理理论和实践的基础上产生的，是发达国家在此前已经运行了一百多年的专业分工细化及组织科层制的一次全面反思和大幅改进。

流程再造可以用于对人力资源管理中的某些具体流程，如招募甄选流程、薪酬调整流程、员工离职手续办理流程等进行审查，也可以用于对某些特定的人力资源管理实践，如绩效管理系统等进行审查，在大量的信息系统运用于组织的人力资源管理实践的情况下，很多组织的人力资源管理流程可能都需要进行优化和重新设计。

在对人力资源管理的相关流程进行再造时，可以由人力资源部门的员工首先对现有的流程进行记录、梳理和研究，然后由公司的高层管理人员、业务部门管理人员及人力资源专业人员共同探讨，确定哪些流程有改进的必要。在进行人力资源管理流程优化的过程中，很多时候会用到人力资源管理方面的信息技术，大量的人力资源管理软件及共享数据库的建立等，为人力资源管理的流程再造提供了前所未有的便利。流程再造及新技术的应用通常会带来书面记录工作简化、多余工作步骤的删减、手工流程的自动化及人力资源数据共享等多方面的好处，这些都能大大提高人力资源管理工作的效率和有效性，企业不仅可以节约在人力资源管理方面耗费的时间，有时还能降低成本。

（三）人力资源管理外包

在人力资源管理职能内部进行结构重组和流程再造，是一种从内部来改善人力资源管理职能有效性的方法。除了通过内部的努力来实现人力资源管理职能的优化，近年来，很多企业还在探讨如何通过外包的方式来改善人力资源管理的系统、流程和服务的有效性。所谓外包，通常是指一个组织通过与外部的专业业务承包商签订合同，让他们为组织提供某种产品或者服务，而不是利用自己的员工在本企业内部生产这种产品或服务。

很多组织之所以选择将一些人力资源管理活动或服务外包，主要原因可能有以下四点：第一，与组织成员自己完成这些工作相比，外部的专业化生产或服务提供商能够以更低的成本提供某种产品或服务，从而可以使组织降低生产或管理成本。第二，外部伙伴有能力比自己更有效地完成某项工作。之所以出现这种情况，往往是因为这些外部服务提供者通常是某一方面的专家。由于专业分工的优势，他们能够建立和培育起一整套可以普遍适用于多家企业的综合性专业知识、经验和技能，因而这些外部生产或服务承包商所提供的产品或服务的质量往往也会更高。事实上，很多组织一开始都是出于效率方面的原因才寻求业务外包的。第三，人力资源管理服务外包有助于组织内部的人力资源管理工作者集中精力做好对组织具有战略意义的人力资源管理工作，摆脱日常人力资源管理行政事务的困扰，从而使人力资源管理职能对组织的战略实现做出更大、更显著的贡献，真正进入战略性人力资源管理的层次。第四，有些组织将一些人力资源管理活动外包则是因为组织本身由于规模等方面的原因，根本没有能力自行完成相关的人力资源管理活动。例如，由于组织规模较小，缺乏相关人力资源管理领域的专业人员，只能借助外部的专业化人力资源管理服务机构来提供某些特定的人力资源管理服务，将培训体系的建立、设计及一些培训课程外包给专业培训机构。

那么，哪些人力资源活动正在被外包出去呢？刚开始的时候，企业主要是把人力资源管理中的一些事务性的工作外包出去。例如，招募和甄选的前期工作、一些常规性的培训项目、养老金和福利的管理等。现在，许多传统性活动和一些变革性活动也已经被企业用外包的方式加以处理。有些企业甚至将人力资源管理中50%~60%的成本和职责都外包出去，只把招募高层管理人员和大学毕业生的工作及人力资源的战略管理工作留在组织内部来完成。然而，一方面，人力资源管理活动的外包可能会帮助组织节约时间和成本，有利于为组织提供最优的人力资源管理实践，提高组织为员工提供的各种人力资源管理服务的质量，同时还能够使组织将精力集中在自己的核心经营活动上；另一方面，走这种道路的很多公司在将来也许会面临潜在的问题。这主要表现在以下三个方面。

第一，成本节约的情况在短期内可能不会出现。这是因为这些将人力资源业务外包出去的公司不仅要设法处理好与外部伙伴之间的合作关系，同时还要重新思考战略性人力资源管理在公司内部扮演的角色。尽管从理论上讲，将人力资源管理中的一些行政职能外包出去可以将人力资源专业人员的时间解放出来，从而使他们能够将精力集中于战略性人力资源管理活动，但在很多情况下，企业中现有的人力资源专业人员可能并不具备做出战略贡献的能力。因此，企业还必须在提升现有人力资源专业人员的水平方面进行投资。

第二，将人力资源管理业务外包出去的企业可能会对某个单一外部服务提供者产生依赖，这就会促使供应商随后提高服务成本。此外，有时在究竟谁应当占据主导地位方面也不可避免地会产生一些冲突。

第三，人力资源管理外包可能会向员工发出一个错误的信号。即如果一家公司将太多的人力资源管理职能外包给外部承包商来管理，那么，员工可能会认为公司并没有认真对待人的问题。

人力资源管理外包服务的上述潜在问题提醒企业，在实施人力资源管理服务外包时，必须充分考虑外包的成本和收益及可能出现的各种问题。同时，在选择人力资源管理服务提供商的时候，也要综合考虑其资质、服务能力、业务专长、未来服务的可持续性，并就相关的人力资源数据的保密等问题签订相关的协议，以确保数据及员工隐私的安全。目前，我国出现了一批专业化的人力资源管理外包服务提供商，可以提供从人员招募甄选、员工培训、薪酬福利管理到外派员工管理、劳务派遣、劳动合同管理等各种人力资源管理外包服务，但是各企业的服务水平参差不齐。因此，企业如果决定选择人力资源管理服务外包，就应当慎重选择适当的服务提供者。

尽管人力资源管理服务外包有上述潜在问题，但这种趋势并没有发生改变。这种情况提醒组织内部的人力资源管理者必须不断开发战略性人力资源管理方面的技能，如果只能够承担一些行政事务性或初级的服务性工作，那么，将来很可能会因为自己所从事的工作被外包出去而失去工作岗位。

（四）人力资源管理电子化

在提升人力资源管理的效率和有效性方面，计算机、互联网及相关的一系列新工具和新技术的出现发挥着非常重要的作用。不仅如此，信息技术的发展还为人力资源管理职能朝战略和服务方向转型提供了极大的便利。从人力资源管理信息技术应用的角度来看，这一转型大体经历了三个阶段：一是人力资源信息系统阶段，二是人力资源管理系统阶段，三是人力资源管理电子化阶段。

1. 人力资源信息系统阶段

人力资源信息系统是一个组织在从事人力资源管理活动的过程中，对员工及其从事的工作等方面的信息进行收集、保存、分析和报告的系统。人力资源信息系统早期主要是对员工个人的基本情况、教育状况、技能、经验、所在岗位、薪酬等级及家庭住址、紧急联络人等基本信息加以整理和记录的系统，后来在这些基本的人事管理信息模块的基础上，逐渐扩展到出勤记录、薪酬计算、福利管理等基本人力资源管理功能方面。可以说，人力资源信息系统是一个人力资源管理辅助系统和基础性的人力资源管理决策支持系统，它可以随时提供组织的人力资源决策所需要的各项基础数据及基本的统计分析数据。尽管人力资源信息系统也可以是手工的，如以人工档案系统和索引卡片系统为载体，而不一定要计算机化，但是随着计算机的普及，目前人力资源信息系统基本上都是在电脑上运行的。对于大企业来说，由于员工人数众多，数据量较大，需要的计算、统计和查询的人力资源信息非常多，通过计算机存储和使用人力资源信息更是必然的。在人力资源信息系统中往往有一个关联性数据库，即相关的人力资源信息存储在不同的文件中，但是这些文件可以通过某些共性要素或字段（如姓名、员工号、身份证号等）连接在一起。例如，员工的个人信息保存在系统的一份文件中，但是薪酬福利信息、培训开发信息却保存在其他文件中，但是可以通过员工的姓名将几份文件中的信息联系在一起，这样就方便在进行人力资源管理活动时随时取用和合并相互独立的员工资料。

2. 人力资源管理系统阶段

人力资源管理系统是在人力资源信息系统上进一步发展而来的，这种系统在传统的人事信息管理模块、员工考勤模块及薪酬福利管理模块等一般性人力资源管理事务处理系统的基础上不断扩展，进一步增加了职位管理系统、员工招募甄选系统、培训管理系统、绩效管理系统、员工职业生涯规划系统等几乎人力资源管理的所有职能模块。此外，人力资源管理系统以互联网为依托，属于互联网时代的人力资源管理信息系统，它从科学的人力资源管理角度出发，从企业的人力资源规划开始，一般包括个人基本信息、招募甄选、职位管理、培训开发、绩效管理、薪酬福利管理、休假管理、入职离职管理等基本的人力资源管理内容。它能够使组织的人力资源管理人员从烦琐的日常工作中解脱出来，将精力放在更加富有挑战性和创造性的人力资源管理活动上，如分析、规划、员工激励及战略执行等工作领域。

概括来说，人力资源管理系统在人力资源信息系统的日常人力资源管理事务处理功能之外，增加了决策支持系统和专家系统。首先，日常事务处理系统主要提供在审查和记录人力资源管理决策与实践时需要用到的一些计算和运算，其中包括对员工工作地点的调整、培训经费的使用、课程注册等的记录及填写各种标准化的报告。其次，决策支持系统主要用来帮助管理人员对相对复杂的人力资源管理问题提出解决方案。这种系统中常常包括一些"如果……"的字句，它使得该系统的使用者可以看到，一旦假设或数据发生了改变，结果将会出现怎样的变化。举例来说，当企业需要根据不同的人员流动率或劳动力市场上某种类型的劳动力的供给量来决定需要雇用多少位新员工时，决策支持系统就能够给企业提供很大的帮助。最后，专家系统是整合某一领域中具有较丰富专业知识和经验的人所遵循的决策规则而形成的计算机系统。这一系统能够根据使用者提供的信息向他们提出比较具体的行动建议。而该系统所提供的行动建议往往都是现实中的人力资源专家在类似的情形下可能会采取的行动。例如，在与一位员工进行绩效面谈时，如果员工情绪激动或者不认可领导做出的绩效评价结果，则主持面谈的管理者应当采取何种行动。

3. 人力资源管理电子化阶段

电子化人力资源管理，是指基于先进的软件、网络新技术和高速且大容量的硬件，借助集中式的信息库、自动处理信息、员工自助服务及服务共享实施人力资源管理的一种新型人力资源管理实践，它通常能起到降低成本、提高效率及改进员工服务模式的作用。概括地说，电子化人力资源管理实际上是一种电子商务时代的人力资源管理综合解决方案，它包含"电子商务""互联网""人力资源管理业务流程再造""以客户为导向""全面人力资源管理"等核心理念，综合利用互动式语音技术、国际互联网、客户服务器系统、关联型数据库、成像技术、专业软件开发、可读光盘存储器技术、激光视盘技术、呼叫中心、多媒体和各种终端设备等信息手段和信息技术，极大地方便了组织人力资源管理工作的开展，同时为各级管理者和广大员工参与人力资源管理工作及享受人力资源服务提供了很大的便利。显然人力资源信息系统、人力资源管理系统都只是电子化人力资源管理得以实现和运行的软件平台和信息平台之一。这些平台在集成之后，以门户的形式表现出来，再加上外部人力资源服务提供商，共同构成了一个电子商务网络，如电子化学习系统、电子化招募系统、在线甄选系统、在线人力资源开发系统、在线薪酬管理系统等。

从电子商务的角度来讲，电子化人力资源管理中包括需要通过网络平台和电子化手段处理的三大类关系：企业与员工之间的关系、企业与企业之间的关系及企业与政府之间的关系。首先是 B2C（Business to Customer，企业与客户间的电子商务）。在人力资源管理领域，Customer（客户）是指包括各级管理者和普通员工在内的 Employee（雇员），于是就演变成了 B2E，这与在企业人力资源管理和开发活动中将员工视为活动指向的客户的观点是一致的。通过网上的互动来完成相关人力资源事务的处理或者说交易，员工就像客户一样可以从网上获得人力资源部门提供的产品和服务。其次是 B2B（即 Business to Business，企业与企业间的电子商务）。在这里，两个企业中的一个是指组织，另外一个是指外部人力资源管理服务提供商，即组织可以通过电子化人力资源管理平台以在线的方式从专业化的外部人力资源管理服务提供商，如咨询公司、各类招聘网站、电子化学习服务提供商等处采购各类人力资源管理服务。最后是 B2G（即 Business to Government，企业与政府机构间的电子商务）。电子化人力资源管理可以帮助企业处理与政府、劳动力市场、劳资关系和社会保障等事务的主管部门发生的业务往来，将原来通过书面或人工方式实现的往来转移到网上自动处理，比如各项劳动保险的办理、劳动合同和集体合同的审查等。

总的来说，电子化人力资源管理可以给组织带来以下四个方面的好处：

第一，提高人力资源管理的效率及节约管理成本。相比传统手工操作的人力资源管理，电子化人力资源管理的效率显然要高得多。由于电子化人力资源管理是一种基于互联网和内联网的人力资源管理系统，公司的各种政策、制度、通知等可以通过这个渠道来发布，很多日常人力资源管理事务，如薪酬的计算与发放、所得税的扣缴及各种人力资源报表的制作等，都可以自动完成，并且员工和各级管理人员也可以通过系统自主查询自己需要的各种人力资源信息，或者自行注册自己希望得到的各种人力资源服务（如希望参与的培训项目或希望享受的福利计划等），因此，组织实施人力资源管理活动及提供人力资源服务的速度得以加快，效率得以大大提升。与此同时，人力资源管理活动或服务所占用的组织人员数量和工作时间则相应地大幅减少，管理成本得到大幅降低，尤其是对那些员工分散在全球各地的全球性或国际化企业来说更是如此。

第二，提高人力资源管理活动的标准化和规范化水平。由于电子化人力资源管理通常是对数据进行集中式管理，将统一的数据库放在客户服务器上，然后通过全面的网络工作模式实现信息全面共享，这样，得到授权的客户都可以随时随地接触和调用数据库中的信息。此外，在电子化人力资源管理中，很多人力资源管理实践都是建立在标准的业务流程基础上的，它要求使用者的个人习惯服从于组织的统一管理规范，这对实现人力资源管理行为的一致性是非常有价值的。这种信息存储和使用模式就使得人力资源管理活动和服务可以跨时间、跨地域实现，能够确保整个组织的人力资源管理信息和人力资源管理过程的规范性、统一性、一致性，同时也提升了人力资源管理工作的透明度和客观性，有助于避免组织因为人力资源管理事务处理的过程不一致或者其他个人的因素掺入其中而陷入法律诉讼，从而确保员工受到公平对待，提升员工的组织承诺度和工作满意度。

第三，彻底改变人力资源部门和人力资源专业人员的工作重心。在传统的人力资源管理方式下，人力资源部门和人力资源专业人员大量从事的是行政事务性工作，其次是职能管理类工作，而在战略性工作方面花费的时间很少，在电子化人力资源管理的环境下，人力资源专业人员所从事的主要工作就是帮助企业在人员管理上提供管理咨询服务，行政事务性工作被电子化、自动化的管理流程大量取代，甚至过去需要完成的大量数据维护工作，也可以逐渐由直线经理与员工自己分散完成。这样，人力资源管理工作的效率就会明显提高。因此，电子化人力资源管理积极推动了人力资源职能的变革进程，它使人力资源部门和人力资源专业人员能够真正从烦琐的日常行政事务中解脱出来，同时使他们从简单的人力资源信息和日常性人力资源服务的提供者转变为人力资源管理的知识和解决方案的提供者，能够随时随地为领导层和管理层提供决策支持，促使他们真正对组织最为稀缺的战略性资源即各类人才给予更为全面的关注。由于电子化人力资源管理能够为人力资源管理专家提供有力的分析工具和可行的建议，帮助人力资源部门建立积累知识和管理经验的体系，所以它还有助于提升人力资源部门和人力资源专业人员的专业能力和战略层次，提高他们为组织做出贡献的能力，这不仅有助于其他组织成员对人力资源专业人员的重视，而且有助于人力资源部门名副其实地扮演战略伙伴的角色。

第四，强化领导者和各级管理者的人力资源管理责任，促进对组织人力资源管理活动的全员参与。首先，电子化人力资源管理带来的另一个变化是，随着人力资源管理过程的标准化、简便化及决策支持力度的增强，除了人力资源管理体系的建立，人力资源管理活动的规划，对整个组织的人力资源管理过程的监控，人力资源管理结果的汇总、分析，以及电子化人力资源管理平台的搭建等工作仍然需要人力资源部门来统一完成，具体人力资源管理活动将会越来越多地委托给直线经理人员来完成。直线经理可在授权范围内在线查看所有下属员工的相关人事信息，更改员工的考勤信息，向人力资源部提交招聘或培训等方面的计划，对员工提出的转正、培训、请假、休假、离职等流程进行审批，并且能够以在线方式对员工的绩效计划、绩效执行及绩效评价和改进等绩效管理过程加以管理。其次，电子化人力资源管理也会成为组织领导者对重要的人力资源信息和人力资源指标变化情况进行查询、展示及做出相关决策的支持平台。领导者不仅可以通过电子化人力资源管理平台直接在网上（在离开办公室的情况下甚至可以利用智能手机）进行相关人力资源事务的处理，而且可以在不依赖人力资源部门的情况下，自助式地获知组织的人力资源状况并且对其进行实时监控。同时，电子化人力资源管理平台也有助于他们获得做出决策所需要的各项人力资源指标变动情况等方面的信息，从而使领导者和管理者越来越直接地参与到人力资源管理的各项决策和政策的实施过程中。最后，员工也可以利用电子化人力资源管理平台，通过在线的方式查看组织制定的各项规章制度、组织结构、岗位职责、业务流程、内部招募公告、员工的各种人事信息、薪酬的历史与现状、福利申请及享受情况、考勤休假情况、注册或参加组织内部培训课程、提交请假或休假申请等。此外，员工还可以在得到授权的情况下自行修改某些个人信息数据，填报个人绩效计划及绩效总结，还可以与人力资源部门进行电子方式的沟通和交流等。

正是由于电子化人力资源管理所具有的上述优势，利用这种能够适应以网络化、信息化、知识化和全球化为特征的新环境的人力资源管理模式成为当今企业人力资源管理领域的一个重要发展趋势。值得一提的是，近年来，我国很多企业的电子化人力资源管理系统也正在逐渐构建和完善，它们通过网络来完成一些传统上必须面对面才能完成的人力资源管理活动，如通过网络进行求职简历的收集和初步筛选、对求职者进行初步面试；建立电子化的员工培训开发系统，为员工提供网络化的学习平台；通过绩效管理软件对员工的日常工作进行跟踪，并通过在线的方式完成360度绩效反馈等。总之，越来越多的人力资源管理工作能够通过电子化人力资源管理系统来完成。此外，我国市场上也出现了不少电子化人力资源管理服务的供应商，一些大型软件供应商在原来的人力资源管理系统的基础上，纷纷开发出综合性的电子化人力资源管理信息平台。可以预见，电子化人力资源管理在我国企业中的普及速度会越来越快，也必将会有越来越多的企业从中受益。

参考文献

[1] 何丛，梁晓静. 打造人力资源法律服务 SOP：人力资源合规管理全流程手册 ［M］. 北京：中国法制出版社，2023.

[2] 温礼杰. 人力资源管理资深 HR 教你从入门到精通 ［M］. 北京：中华工商联合出版社，2023.

[3] 张燕娣. 人力资源培训与开发 ［M］. 上海：复旦大学出版社，2022.

[4] 夏天. 人力资源管理案例分析 ［M］. 北京：冶金工业出版社，2022.

[5] 范围，白永亮. 人力资源管理理论与实务 ［M］. 北京：北京首都经济贸易大学出版社，2022.

[6] 付美榕，宋颖，贾宁. 人力资源管理专业英语 ［M］. 3 版. 北京：北京对外经济贸易大学出版社，2022.

[7] 夏浩，李敏，马子裕. 人力资源管理信息系统项目管理 ［M］. 北京：冶金工业出版社，2022.

[8] 宋玉. 现代人力资源培训与评估研究 ［M］. 长春：吉林人民出版社，2022.

[9] 严肃. 人力资源管理最常用的 83 个工具 ［M］. 北京：中国纺织出版社，2022.

[10] 杨光瑶. 人力资源管理高效工作法 ［M］. 北京：中国铁道出版社，2022.

[11] 张洪峰. 现代人力资源管理模式与创新研究 ［M］. 延吉：延边大学出版社，2022.

[12] 朱建斌，蔡文. 人力资源管理数字化运营：基于 SAP SuccessFactors ［M］. 上海：复旦大学出版社，2022.

[13] 孙南洋. 人力资源管理专业毕业设计指导手册 ［M］. 合肥：合肥工业大学出版社，2022.

[14] 焦艳芳. 人力资源管理理论研究与大数据应用 ［M］. 北京：北京工业大学出版社，2022.

[15] 钱玉竺. 现代企业人力资源管理理论与创新发展研究 ［M］. 南方传媒；广州：广东人民出版社，2022.

[16] 王莹，李蕊，温毓敏. 企业财务管理与现代人力资源服务 ［M］. 长春：吉林出版集团股份有限公司，2022.

［17］水藏玺. 人力资源管理体系设计全程辅导［M］. 3 版. 北京：中国经济出版社，2022.

［18］彭良平. 人力资源管理［M］. 武汉：湖北科学技术出版社，2021.

［19］杨少杰. 人力资源管理演变［M］. 北京：中国法制出版社，2021.

［20］穆胜. 人力资源效能［M］. 北京：机械工业出版社，2021.

［21］彭剑锋. 人力资源管理概论［M］. 3 版. 上海：复旦大学出版社，2021.

［22］刘仕祥. 人力资源从新手到高手［M］. 北京：台海出版社，2021.

［23］张利勇，杨美蓉，林萃萃. 人力资源管理与行政工作［M］. 长春：吉林人民出版社，2021.

［24］高琳. 老年人力资源开发研究［M］. 沈阳：东北财经大学出版社，2021.

［25］胡禹成. 华为人力资源管理法［M］. 北京：中华工商联合出版社，2021.

［26］金艳青. 人力资源管理与服务研究［M］. 长春：吉林人民出版社，2021.

［27］马燕. 人力资源管理与区域经济发展分析［M］. 长春：吉林人民出版社，2021.

［28］李蕾，全超，江朝虎. 企业管理与人力资源建设发展［M］. 长春：吉林人民出版社，2021.

［29］王丹. 高校人力资源管理发展与服务创新研究［M］. 西安：西北工业大学出版社，2021.

［30］邓艺琳. 劳动经济学原理与人力资源管理研究［M］. 哈尔滨：黑龙江北方文艺出版社，2021.

［31］薛丽红，丁敏，宗娜. 战略性人力资源管理对组织效能的影响研究［M］. 长春：吉林科学技术出版社，2021.

［32］侯其锋，乔继玉. 人力资源和社会保障政策法规解读及案例讲解［M］. 北京：中国民主法制出版社，2021.

［33］李佳明，钟鸣. 21 世纪人力资源管理转型升级与实践创新研究［M］. 太原：山西经济出版社，2021.

［34］杨群. 人力资源管理实务与量化分析实战案例版［M］. 北京：中国铁道出版社，2021.

［35］邱云生. 企业人力资源法律风险防范实操一本通［M］. 北京：中国铁道出版社，2021.

［36］侯冰，侯龙文. 精益人力资源经营与精益人才育成［M］. 北京：中华工商联合出版社，2021.